Illustrationen zu den Werken Theodor Storms

Von Ernst Schlee

Westholsteinische Verlagsanstalt
Boyens & Co., Heide

KLEINE SCHLESWIG-HOLSTEIN-BÜCHER · BAND 38

Herausgegeben von den
Provinzial-Versicherungen, Kiel

Wissenschaftlicher Betreuer: Prof. Dr. Ernst Schlee

Dieser Band erscheint zur 100. Wiederkehr von Theodor Storms Todesjahr. Er starb am 4. Juli 1888.

Der Verfasser dankt für freundliche Hilfe bei der Beschaffung von Vorlagen für die Abbildungen (S. 22, 23, 29, 94) Herrn Prof. Dr. Karl Ernst Laage und Frau Margarethe Draheim vom Storm-Haus in Husum. Bei den Wiedergaben waren Verkleinerungen und gelegentlich auch Vergrößerungen nicht zu vermeiden bzw. auch erwünscht. Nennenswerte Bestände illustrierter Storm-Ausgaben befinden sich im Storm-Haus, Husum, ferner in der Landesbibliothek, Kiel, im Schleswig-Holsteinischen Landesmuseum, Schleswig, und im Besitz des Verfassers. Auf bibliographische Hinweise, soweit sie nicht schon im Text enthalten sind, wurde verzichtet.

E. S.

Auf dem Schutzumschlag:
Wilhelm Riefstahl, Titelbild zu „Immensee", 1857,
hinten: Paul Konewka, Scherenschnitt zum Gedicht „Die Nachtigall", 1861

ISBN 3-8042-0422-8

Herstellung: Westholsteinische Verlagsdruckerei Boyens & Co., Heide in Holstein
Printed in Germany

INHALT

Theodor Storm hat in seinen Dichtungen, insbesondere in den erzählenden, eine unabsehbare Fülle von Bildern, Szenen, Gestalten, Örtlichkeiten beschworen. Ob man, wie herkömmlich, seine Kunst dem Realismus zurechnet oder andere literarische Kategorien vorziehen sollte, braucht hier nicht erörtert zu werden. Dies ist keine literarhistorische Studie. Es geht darum, daß Storm mit Mitteln der Sprache Erscheinungen, Begegnungen, Ereignisse erzählt, zitiert, schildert, beschreibt, die das Vorstellungsvermögen und die anschauliche Phantasie des Lesers herausfordern.

War er damit einverstanden, daß auch bildende Künstler sich herausgefordert fühlten und seine Dichtungen illustrierten? Diese Frage zu bejahen, ist keine Selbstverständlichkeit. Nicht alle erzählende Literatur verträgt die begleitende Veranschaulichung eines Zeichners. Storm hat sich klar geäußert: „Die Illustration wertvoller Dichtung halte auch ich für eine herrliche Sache", und er fügte hinzu: „Die große Malerei dient ja wesentlich dem Reichtum und der Macht" (an Hans Speckter, 7.3. 1884). Damit erklärt er sich für die im bürgerlichen 19. Jahrhundert vorherrschende Ansicht, die Buchillustration d i e n e der Literatur, verhelfe ihr zu stärkerer Geltung, d. h. zu Eingängigkeit, belebe, bereichere sie, erschließe sie weiteren Kreisen, das Bild diene dem Wort. Das 19. Jahrhundert hat eine große Zahl hervorragender Werke hervorgebracht, die diese Ansicht bestätigen können.

Was die Wahl seiner Illustratoren angeht, blieb Storm zu Lebzeiten weitgehend den Entscheidungen seiner Ratgeber und Verleger ausgeliefert. Letztere waren ohnehin die Auftraggeber. Was aus dem Spiel der Kräfte hervorging, bietet dennoch ein interessantes Bild.

Erst der große Wandel, den die Buchkultur um 1900, also etliche Jahre nach Storms Tod, erfuhr, bahnte der Menge von Storm-Illustrationen, einer wahren Flut, den Weg. Seitdem der Verfasser mit dem Registrieren und Sammeln illustrierter Storm-Ausgaben vor etwa drei Jahrzehnten begonnen hat, sind Namen von mehr als 300 Künstlern angefallen, die sich mit dieser Aufgabe befaßt haben – mit sehr unterschiedlichem Talent, unterschiedlich nach Art und Graden, unterschiedlich aber auch, was Nähe zum Werk des Dichters betrifft. Es entstanden künstlerisch sehr gelungene Bücher als „Gesamtkunstwerke" neben einer eher serienhaften Produktion. Storm behauptete ständig seinen Platz als vielgelesener Autor, besonders auch nach den beiden Weltkriegen; in den Illustrationen spiegelt sich der Wechsel der jeweils vorherrschenden Kunstrichtungen.

Die Frage nach Storms Verhältnis zu den Illustrationen seiner Werke beziehungsweise nach dem Verhältnis der Illustrationen zu seiner Dichtung berührt sich mit der nach dem Verhältnis des Dichters zur bildenden Kunst im allgemeinen, und das heißt in seiner Zeit vornehmlich zur Kunst der Malerei und Zeichnung im weitesten Sinne. Eine stichhaltige Antwort darauf würde eingehende Untersuchungen erfordern, wie sie hier nicht angestellt werden können. War Storm Augenmensch? Was bedeuteten ihm optische Erlebnisse, und wie treten sie in seinen Werken in Erscheinung? Malt oder zeichnet seine Dichtung Bilder im anschaulichen Sinne? Man könnte dergleichen denken, wenn man z. B. in einem seiner an Paul Heyse gerichteten Briefe liest: „Man fühlt sich doch nur bei sich selbst zu Hause, wenn man wenigstens für ein Kleines seine Leinwand aufgespannt hat" (9. 5. 1879), und er wünscht sich, wieder „etwas auf die Staffelei" zu bekommen (17.10.

1880), vergleicht sich also dem Bildermaler, wie er bei anderen Gelegenheiten vom Webstuhl spricht und das Schreiben mit dem Weben vergleicht.

Wenn Storm den in der Poesie wirksamen Faktor Phantasie als Quelle des poetischen Bildes bezeichnet, so ist dieser Bild-Begriff richtig zu verstehen: Zwar kann die sogenannte bilderreiche Sprache nach seiner Theorie auch von dem poetischen „Drang" hervorgerufen werden. Das Verständnis des Vergleichs erfordert aber eine „Verstandesoperation", was die poetische Darstellung schwächt. Unter der Wirksamkeit der Phantasie in der Poesie versteht er vielmehr ein „In-Szene-Setzen des Gedankens". Er suchte nicht das vergleichende Bild, die Metapher. Aber es ist wieder eine andere Frage, mit welcher Augenfälligkeit Storm Anschaubares, etwa Landschaften, so beschreibt, daß sie dem Auge des Lesers sichtbar erscheinen.

Über Fragen dieser Art haben sich Literarhistoriker genügend Gedanken gemacht. Zählt man Storm zu den Realisten, so wird auch für ihn gelten, was *J. M. Ritchie* über die deutschen Realisten allgemein schrieb: „... im wesentlichen waren sie nicht darauf aus, die Realität so aufzuzeichnen, wie sie sie erlebten, sondern sie wollten das ideale Bild der alten Welt bewahren, ehe es auf immer verblaßte und verschwand." Ein Bild also oder viele Bilder, durchgezeichnet mit den Mitteln der Sprache – das ist es, was Storm seinen Illustratoren darbietet.

In Hinblick auf seine Novelle „Eekenhof" schrieb er an *Paul Heyse:* „Es muß nun alles so etwas wie aus der Ferne klingen und sich ansehen, lebendig und doch wie aus dem Nebel herausgetuscht." „Aus der Ferne": darin liegt ein Hinweis darauf, daß sich Storm gern in frühere Jahrhunderte, in eine ferne Zeit zurückzog und daß er, umgeben von Zeugen einer vergangenen oder vergehenden Kultur, das Dahinschwindende mit der Zeichnung seiner Dichtung „bildlich" festzuhalten suchte. „Aus dem Nebel herausgetuscht": das deutet sicherlich nicht auf Verschwommenheit, aber auf gedämpfte Ausdrucksmittel, leise Übergänge, „malerische" Sicht, Atmosphäre und „Duft", wie er selbst mit Vorliebe sagte. „Aus diesen Bildern steigt der Duft des Veilchens", schrieb Storm in das seiner Tochter Lisbeth zugedachte Exemplar der „Immensee"-Ausgabe, wobei offen bleibt, ob er die Bilder seiner Dichtung oder die des Illustrators *Pietsch* meinte (in einer späteren Fassung heißt es „Blätter" statt „Bilder").

Oder soll man die Äußerung anders verstehen: deutet „Nebel" auf Hintersinn, auf Symbolisches und Mythenhaftes? Es wird zu fragen sein: wie gingen Storms Illustratoren darauf ein?

Man könnte Storms Sprache auf Benennungen von Anschaulichem hin untersuchen, etwa von Farben. Sie spielen bei Storm eine erstaunlich geringe Rolle. Vieles wird als grau bezeichnet, nicht allein die graue Stadt am grauen Meer. Eine bloße Tonskala herrscht vor: hell–dunkel; auch die Lichter bleiben meistens farbneutral. Dem Dämmern, dem Wachsen der Schatten, dem Dunkel wie dem Flimmern des Lichts ist große Bedeutung zugemessen.

Aber auch das ist ein großes Thema für sich. Storms Bekenntnis zur positiven Bedeutung von Illustrationen ist gewissermaßen unbefangen, unreflektiert. Die Übersetzung des sprachlich Fixierten in graphisch Fixiertes war für ihn problemlos, wie offenbar auch die eigentlichen Probleme der bildenden Kunst ihm verschlossen blieben. Gewiß, er liebte Bilder und hatte unter den Malern seine Lieblinge und zudem persönliche Freunde. Aber präzis formulierte kritische Urteile über Kunstwerke findet man in seinen literarischen Werken wie in seinen sonstigen Niederschriften kaum. Manches Urteil über Bildwerke liest man mit Erstaunen.

Dennoch haben die Äußerungen zu den Illustrationen seiner Werke Interesse. Er wollte dazu gehört werden, er lobte, tadelte und korrigierte, zumindest mit Worten, doch eigentlich ohne Kategorien künstlerischer Kritik. Zu Lebzeiten hatte er es mit etwa zwei Dutzend Illustratoren der verschiedensten Art zu tun. Einer von ihnen, sein Freund *Ludwig Pietsch,* scheint sein Verhältnis zur bildenden Kunst vornehmlich bestimmt zu haben. Der Briefwechsel Storm-Pietsch freilich enthält kaum Auslassungen zu Fragen der bildenden Kunst. Auch zu dem von Berlin her persönlich bekannten *Adolf Menzel* bestand ein freundliches Verhältnis. Auch das Verhältnis zu den Hamburgern *Otto Speckter,* dem Vater, und *Hans Speckter,* dem Sohn, war im wesentlichen persönlich gefärbt, nicht anders die Freundschaft mit dem Schulkameraden *Hans Nikolai Sunde* in Husum.

Storm mag als Musterbeispiel dafür gelten, wie vogelfrei ein dichterisches Werk nach seiner Preisgabe an die Öffentlichkeit werden kann, was seine Bebilderung angeht. Illustrieren heißt auch Interpretieren. „Vogelfrei": die mehr als 300 Graphiker, die mit ihren Illustrationen der Phantasie der Leser aufhelfen wollten, zielten in sehr unterschiedliche Richtungen und verfehlten gelegentlich auch ihr Ziel, schon weil sie ihre künstlerischen Ansprüche zu gering ansetzten.

Anderseits berührt sich die Frage nach Storms Verhältnis zu den Illustrationen seiner Werke mit seiner Liebe zum gepflegten Buch. Er war ein Bibliophile von einigen Graden, liebte schöne und kostbare Einbände, nicht allein die mit viel, oft allzu viel Ornament in Goldpressung überzogenen Buchdeckel seiner Zeit, sondern auch die dezenter geschmückten des 18. Jahrhunderts. Er liebte Prachtausgaben und besaß deren etliche, so von deutschen und ausländischen Märchenerzählern und vieles andere mehr. Die zweite Jahrhunderthälfte war die Zeit der aufwendigen Salonausgaben, die man in Bürgerhäusern zum Zweck der Repräsentation lieber auf dem Tisch des Empfangsraumes liegen als im Regal stehen hatte. Dieser heute etwas zweifelhaften, weil veräußerlichten Buchkultur gehören die beiden ersten illustrierten Ausgaben von „Immensee" an. Ein breiteres Publikum verlangte nach kleinen Separatausgaben der Novellen in Miniaturbänden; ihnen stand die Goldpressung eher an. Als kostbare Ge-

Karl Miersch zu „Es waren zwei Königskinder" (in Drei Novellen, Wien, Schroll o. J.)

genstände konnten sie sich den Händen einschmeicheln und ermöglichten ein intimeres Verhältnis auch zum Inhalt.

Heute findet man diese bei Paetel, Berlin, erschienenen Miniaturbände in Antiquariatskatalogen angeboten mit der Bemerkung „überreiche Deckelvergoldung". Ein solches Urteil konnte erst nach der großen Veränderung der Buchkultur um die Jahrhundertwende zustandekommen. „Schließlich verkauft zur Hälfte doch der Einband das Buch. Die Leute müssen diesen St. Jürgen-Deckel sehen", schrieb Storm selbst 1872. Nicht weniger als 32 Storm-Novellen erschienen in Ausgaben dieser Art. Auch innerhalb der Auflagen konnten die Farben der Einbände sehr verschieden sein; bei Bestellungen wählte Storm die Farben sorgsam aus. Die Atmosphäre des von geliebten Büchern bestimmten Raumes kann der Besucher des wiedererstandenen Storm-Hauses in Husums Wasserreihe erspüren.

Wo fängt, was den Umfang einer Illustrationsfolge angeht, der Begriff des illustrierten Buches an, und wo hört er auf? Trägt z. B. *Alfred Steinweg* zu vier Novellen in einem 317 Seiten umfassenden Band ganze drei Illustrationen bei, so läßt sich darüber streiten, ob noch von einem illustrierten Buch die Rede sein kann. *Alex Eckener* anderseits schuf so zahlreiche Radierungen allein zum „Schimmelreiter", daß für eine Buchausgabe eine Auswahl getroffen werden mußte; sonst hätten die Illustrationen den Band überschwemmt. Wollte man erwarten, daß der Illustrator dem Verfasser Schritt für Schritt folgt, so würde man zur Bildergeschichte gelangen, wie sie die lithographierten Bilderbogen von einst boten oder die Comicstrips von heute bieten. Man könnte sich der Verfilmung nähern, die dann freilich noch einige Schritte weiter geht und uns hier nicht interessieren soll.

Unter ein gewisses Maß oder auch Gleichmaß der Bilderfolge wird ein ernsthafter Illustrator nicht hinuntergehen. Aus dem Briefwechsel Storm-Pietsch ist zu ersehen, daß den Freunden eine Vorstellung vom „Durchillu-

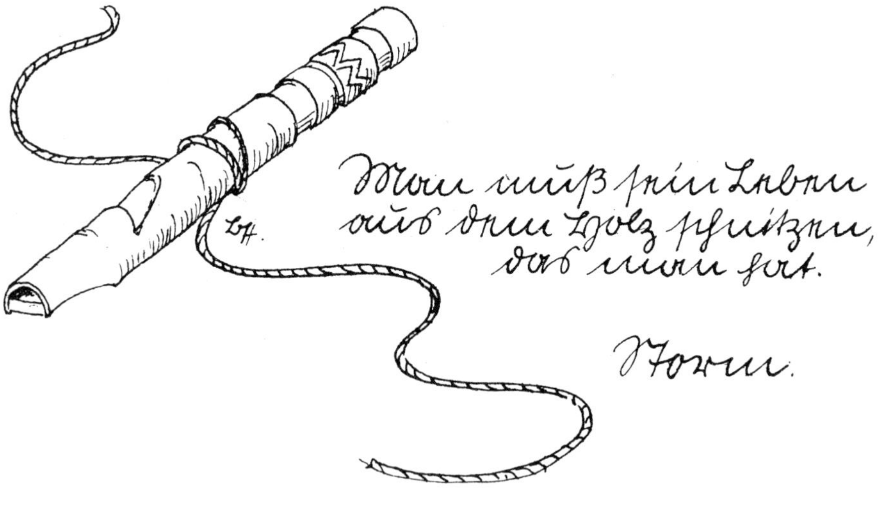

Nach „Der kluge Haushalter" (Kalender)

strieren“ gemeinsam war, also von Vollständigkeit im Erfassen der Höhepunkte zumindest; sonst hieß es, ein Buch sei von wenigen Illustrationen „durchschossen“. Der Illustrator sollte also, so das Ideal, dem Gang der Erzählung folgen, sie in gewissem Sinne nacherzählen.

Ein Rückblick auf die sich wandelnden Formen der Illustration eines bedeutenden literarischen Lebenswerkes ergibt eine Art Rezeptionsgeschichte, unabhängig von derjenigen, welche die literaturgeschichtliche Würdigung erbringt. Im Falle Storm reicht die Skala von bunten „Einschaltbildern“, wie man sie von billiger Reportageliteratur kennt, bis zu hochstehender graphischer Kunst. Überragende Künstler sind unter Storms Illustratoren freilich nicht zu finden. Wohl aber haben sich Künstler der guten zweiten Garnitur zahlreich beteiligt. Bücher illustrieren war und ist im allgemeinen eine Auftragsarbeit, keineswegs immer freudig geleistet. Auch mancher der Prominenten, die es hier zu würdigen gilt, hat unter der Notwendigkeit, Verlegeraufträge entgegenzunehmen, geseufzt, so etwa *Otto Ubbelohde.* Indessen braucht darunter die Qualität seiner Leistung nicht gelitten zu haben. Andere arbeiteten, wie es scheint, geradezu im Überschwang und aus eigenem Anliegen, so jedenfalls *Alex Eckener,* dessen „Schimmelreiter“-Zyklus nachträglich einem Verlag angeboten wurde.

Ernsthaft kommen hier nur solche Zeichner in Betracht, die sich von der Dichtung haben inspirieren lassen. Es hat nicht an Versuchen gefehlt, Storms Werke sozusagen nachträglich illustrieren zu lassen. *Rolf Hochhuth* gab eine stattliche Novellen-Auswahl heraus, gespickt mit Zeichnungen von *Adolf Menzel.* Gewiß, Storm fühlte sich mit Menzel vom Berliner „Rütli“-Klub her befreundet, hielt über *Pietsch* auch später noch ein Grußverhältnis aufrecht, äußerte gelegentlich auch Lobendes über Menzels Zeichen- und Illustrationen, besaß auch den „Zerbrochenen Krug“ von *Kleist,* illustriert von Menzel. Doch äußerte er sich auch kritisch über den genialen und der Idylle so fern stehenden Zeichner. Zwar stecke, so meinte er, „ein wunderbares Gefühl der Schönheit in ihm“. Doch „freilich ist es bei der Parforce-Jagd nach dem Charakteristischen überritten worden“. Storm hielt Menzel für fähig, „Bulemanns Haus“ zu illustrieren, und es war als hohes Lob gemeint, wenn er zu einer Zeichnung von *Pietsch* äußerte: „fast ein Menzelchen“ oder „als wenn's von Menzel wäre“. Aber er lobte Pietsch auch, weil dieser nicht Gefahr lief, „dem ‚knittrigen Altfritzentum‘ (unglaublich wahr!) zu verfallen. Das ist wahrhaft schade bei Menzel.“ Tatsächlich ist es kaum möglich, sich Storm von Menzel illustriert vorzustellen, und heute erscheint der Abstand zwischen Menzel und Pietsch riesengroß, nicht nur an der Qualität gemessen. Storm schalt Menzel geizig, weil dieser ihm noch kein Blatt (am liebsten eine Radierung) geschenkt hatte. Als aber 1853 eines kam, sprach er von einem „verrückten radierten Blatt“.

So kann man also die posthume Kombination von Stormschen Texten und Menzelschen Zeichnungen nur mit Bedenken betrachten. Menzel wußte, was eigentliches Illustrieren heißt, und er wußte, was Zeichnen heißt. So bleibt die Beziehung zwischen den Autoren von Text und Bildern beschränkt auf den zeittypischen Habitus der dargestellten Personen.

Eine vergleichbare Zusammenstellung Stormscher Novellen erschien einige Jahre danach, durchsetzt mit Zeichnungen von *Ludwig Richter, Graf Pocci* und anderen. Dabei griff man also um eine Generation weiter zurück und versetzte Storms Dichtung in die Zeit des Biedermeier, eine wohl noch bedenklichere Verkennung. Zwar schätzte Storm Richter sehr, hatte Blätter von ihm an seinen Wänden hängen, wie er auch andere Zeichner der Spätromantik wie *Moritz von Schwind, Eugen Napoleon Neureuther, Eduard von Steinle* und andere zu würdigen verstand. Aber nachträglich den Motivenschatz dieser Generation nach Motiven zu durchsuchen, die zur Not zu Stormschen Gestalten oder Örtlichkeiten passen, das geht wohl kaum an: alte Frau zu alter Frau, spielende Kinder zu spielenden Kindern usw. Der Geist der Dichtung wird auf diese Weise schlicht gefälscht.

Zu Lebzeiten des Dichters

Es begann damit, daß Storm zu seines Freundes *Karl Leonhard Biernatzkis* „Volksbuch 1844... mit besonderer Rücksicht auf die Herzogthümer Schleswig, Holstein und Lauenburg" aus seiner Sammlung Aufzeichnungen von Sagen und später auch eigene Dichtungen beisteuerte, zusammen mit seinem Freund *Theodor Mommsen,* und daß der Düsseldorfer Historienmaler *J. B. Sonderland* gewonnen wurde, zur „Abelsage" eine Radierung zu liefern, die das Wilde Heer darstellt. Auch an *Wilhelm Kaulbach* in Berlin

Wilhelm Heuer, zum Gedicht „Die alten Möbeln", 1850

J. B. Sonderland, zu „König Abels Wilde Jagd", 1844

hatte Storm gedacht; doch das wäre ein Griff nach den Sternen der Zeit gewesen. „Er malt ja für so viele Bücher", meinte Storm, „warum denn nicht für unsren Volkskalender. Denken Sie sich einmal von ihm König Abels Wilde Jagd" (13. 2. 1843). Sonderland hatte sich Storm ursprünglich als Illustrator seines „Märchens von den drei Spinnfrauen" gewünscht.

In der Historienmalerei, unter die dergleichen nach dem Verständnis der Zeit einzuordnen ist, stand Düsseldorf damals vornan. Die Darstellung hielt sich, mochte Sonderland, gemessen an den damaligen Größen des Faches, auch ein bescheidenes Licht sein, auf der Höhe der Zeit. Ein von Hunden umbellter Ritter jagt über Wolken dahin; es folgt ihm ein unabsehbarer Schwarm ähnlicher Gestalten im Bogen um eine Gruppe von Sargträgern herum. Sagenhafte Gestalten werden im Bild als reale Erscheinungen traktiert; das Historienbild lebt vom Realismus. Erschreckende Gesichter, Drohgebärden und unheimliche Beleuchtung sollen den Effekt des Sagenhaften, des Un- und Überwirklichen herbeiführen.

Zu diesem anspruchsvollen Blatt, das als Tiefdruck eigens eingeklebt werden mußte, gesellten sich in Biernatzkis „Volksbuch" in der Folge Holzschnitte, also Hochdrucke zu Storm-Gedichten („Von Katzen", „Gesegnete Mahlzeit", „Die alten Möbeln") gezeichnet von *Wilhelm Heuer,* dem Hausgraphiker des Hamburger Verlegers, und von demselben auch Lithographien, also Flachdrucke, zu den „Geschichten aus der Tonne". Heuer, ein bescheidenes Talent und Hersteller vor allem topographischer Blätter, auch solcher aus Schleswig-Holstein, war mit Storms Heimat auf das beste vertraut und wußte das Milieu etwa des Husumer Marktes, auf dem der „Grieper", der Aufpasser, seines Amtes waltet, oder des Hauses, in dem die drei Spinnfrauen wirken, wohl zu treffen. Auch zum „Häwelmann" lieferte er die erste Illustration, noch sehr ungleich den in neuerer Zeit entstandenen Kinderbuch-Seiten.

Das war ein bescheidener Anfang. Als später folgende Höhepunkte muß Storm die beiden zu seinen Lebzeiten erschienenen „Immensee"-Prachtausgaben betrachtet haben. Von ihnen soll gesondert die Rede sein. Die erste der beiden, die 1857 erschienene, trug ihm die oft berufene und für die Storm-Illustrationen bedeutsame Freundschaft des Berliner Reportagezeichners *Ludwig Pietsch* ein. Zunächst seien die bis ans Lebensende des Dichters erschienenen Einzelillustrationen vorgeführt.

Nicht über allen Wünschen und Plänen stand ein günstiger Stern. Vielfach scheuten die Verleger die Kosten der Bebilderung; vielfach wählten sie einen anderen Illustrator, als Storm gewünscht hätte. 1850 sollte bei *Duncker* ein Band „Sommergeschichten und Lieder" mit einem „Kupfer", einer Radierung vermutlich, erscheinen. Der Wiener *Johann Nepomuk Geiger* wurde aufgefordert, sie auszuführen, lehnte aber als „zu beschäftigt" ab. Ein ungenannter Berliner Künstler verdarb seine Platte zweimal; so entfiel die Illustration. Der Verleger vertröstete Storm auf die zweite Auflage; wie es scheint, war dafür eine ganze Folge von Illustrationen vorgesehen. Zunächst erschien der Text ohne Bildbeigabe.

Der Deckel der 1852 erschienenen ersten Buchausgabe der „Gedichte", für den der in Dresden tätige *Hugo Bürkner*, ein Gefolgsmann *Ludwig Richters* (obwohl ebenfalls in Düsseldorf ausgebildet), auf Anraten „des kunstsinnigen *Dr. Friedländers* in Berlin" Holzschnitte lieferte, folgte wieder einer tradierten Form der Illustration. Die Rückseite, ein Bild zum „Oktoberlied“, zechende Männer darstellend, kann man sich als Szene aus dem Kieler Studentenleben vorstellen. Die Titelseite freilich führt eher in mitteldeutsches Milieu. Die „zierliche Kleine“ aus Storms Gedicht „Bulemanns Haus“, die „zwischen den Blumen dicht“ schlummert, lagert in einer Mittelgebirgslandschaft. Naturholzstangen, von Ranken umspielt, waren als rahmendes, trennendes wie verbindendes Element noch unentbehrlich.

Die an Ludwig Richters Zeichenkunst erinnernden Holzschnitte fanden offenbar Storms Zustimmung nicht, so sehr er sonst Richter schätzte. Vielleicht war ihm schon jetzt bewußt, daß lyrische Gedichte eigentlich nicht illustriert werden dürfen? Als er ein Exemplar an *Mörike* schickte, schrieb er dazu: „An den Umschlagsbildern ... sowie dem Formate, woran ich wahrlich unschuldig bin, wollen Sie keinen Anstoß nehmen. Ich hoffe, wenn es überall vergönnt sein sollte, zum zweiten Male in etwas männlicherer Tracht zu erscheinen.“

Unter den norddeutschen Illustratoren der Jahrhundertmitte hatte sich insbesondere der Hamburger *Otto Speckter* mit seinen Fabel-Illustrationen einen Namen gemacht. In seiner mit sympathischer Bescheidenheit sich gebenden Zeichenkunst hob er sich als nüchterner, dennoch gemütvoller Niederdeutscher gegen den leicht verniedlichenden *Ludwig Richter* und seine eher sächsische Art ab. Seine Hauptleistung sind seine kongenialen Illustrationen zu *Klaus Groths* „Quickborn“, erschienen 1856. Storm schätzte sie hoch ein und gewann seit 1860 ein persönliches Verhältnis zum Hause Speckter, besuchte es in demselben Jahr und korrespondierte in der Folge mit Vater *Otto* und Sohn *Hans*.

Von Heiligenstadt aus schrieb Storm an Speckter: „Noch niemals haben mir Bilder eine solche Freude gemacht (wie die zum „Quickborn“) ... Das waren Land und Leute unsrer Heimat; das war sogar die Luft, das Wetter von zu Haus. So wie S. 209 (zu „De Kinner larmt“) hatte auch ich auf den kleinen Werften die Kinder im Abendschein spielen sehn; und Vollmacht Hans (zu „De Vullmacht“) meinte ich durchaus persönlich gekannt zu haben. Dieses männlichen Stiftes bedurfte es, das Leben unsrer Heimat zur Anschauung zu bringen. Maler und Dichter ergänzen sich hier in seltner Weise, und oftmals geht der erstere über den letzteren hinaus und gibt die vollendete Darstellung des Stoffes, wo die Worte des Dichters nicht ausreichten; noch öfterer wetteifern beide an Tiefe und Innigkeit.“ „Ich habe nun einmal einen heimatlichen Zug zu Ihnen“, heißt es später. Und im September 1860 schrieb Storm: „Mich hat übrigens in der letzten Zeit der Gedanke nicht verlassen wollen, daß keins meiner Sachen sich für Ihre Illustration so passen würde als das „Grüne Blatt“; da ist die Heide in ihrer Einsamkeit, die ländliche Wohnung mit dem Immenhof, die Schatten des Waldes in der Mondscheinnacht etc.; der Alte bei den Bienen, das junge Paar zwischen den Erbsenbeeten etc. Ich kann, wie ich Ihnen schon sagte, über eine neue Auflage disponieren. Sollten wir zu dem Werkchen nicht einen Verleger finden? – Wir besprechen das einmal.“ Der Wunsch, wie es scheint, ein Herzenswunsch, ging nicht in Erfüllung.

Die Weihnachtsidylle „Unter dem Tannenbaum“ sollte 1862 in der Leipziger „Illustrierten Zeitung“ erscheinen. Pietsch zeichnete Illustrationen dazu, auf Betreiben Storms. Als im Dezember die Nr. 1016 erschien, fehlten

Hugo Bürkner, Einbandmotiv, Vorderseite, 1852

Wie Seite 16, Rückseite

Pietschens Illustrationen. Storm war recht enttäuscht, hatte er sich doch um der Illustrationen willen mit einem geringeren Honorar begnügt, ebenso Pietsch, der eigens andere drängende Arbeiten hintangestellt hatte. Erst in der 1865 bei *Schindler* erschienenen Separatausgabe „Zwei Weihnachtsidyllen" (zusammen mit „Abseits") sind die Holzschnitte alle enthalten. Für die nächste Weihnachts-Nummer (1863) bat der Verleger *Weber* Storm wieder um eine Erzählung, „und möglichst zeitig, damit es nicht wieder mit den Illustrationen in die Brüche geht". *Otto Speckter* lieferte acht Zeichnungen zu „Abseits". Seine Kunst war zu dieser Zeit nicht mehr ganz auf der von Storm bewunderten Höhe, die sie in den „Quickborn"-Illustrationen erreicht hatte. Dennoch ist auch ihnen ein Zug eigen, der ausgesprochen niederdeutsch anmutet, ein wenig steif und simpel gelegentlich, doch liebenswert in ihrer spröden Intimität. Nun schrieb Storm an *Pietsch,* der wohl Grund gehabt hätte, eifersüchtig zu werden: „Speckter ist kein beliebter Illustrator; seine Unbehilflichkeit und Unzulänglichkeit [!] sieht jeder; und für das, was er kann, was er vor andern voraus hat, hat das große Publikum keinen Sinn." Und Pietsch meinte alsbald, Speckters Kunst befinde sich „schon im Stadium völligen Verfalls, was sich freilich auch bereits in den Zeichnungen zu Deinem ‚Abseits' ankündigte. Es hält schwer, den Zeichner des Quickborn wiederzuerkennen, den wir so sehr lieben."

In dem Holzschnitt „Meta stand vor der Hausthür" gelang ihm indessen ein eindrucksvolles Landschaftsbild. Auf dies lassen sich noch die begeisterten Worte Storms zu den Groth-Illustrationen beziehen. Und an seinen Vater schrieb Storm zu diesem Motiv: „Das erste Specktersche Bild paßt merkwürdigerweise so genau, als wäre auch er damals dabeigewesen [d. h. als Storm mit seinem Vater das Heidehäuschen aufgesucht hatte]. Die drei landschaftlichen Illustrationen sind außerordentlich gelungen" (21. 12. 1863).

Dem alternden Dichter muß es wohlgetan haben, auch mit dem Sohn *Hans Speckter* Umgang zu pflegen. Er ließ ihn das „Hausbuch aus deutschen Dichtern seit Claudius" mit Bildbeigaben versehen. Es erschien 1875 bei *Mauke* in Hamburg. Storm wünschte sich vor allem Porträts der Dichter, dekorativ umrahmt, und stand dem Zeichner bei der Wahl der Vorlagen beratend zur Seite. Der junge Speckter, der schon Storms Gedichte-Auswahl mit Kritik betrachtete, bekam – kaum zu seiner Freude – von Storm Vorschläge auch für die wenigen Bildmotive, die zugelassen waren. So schrieb ihm der Dichter:

„Was meinen Sie zu folgendem Bild: Mondnacht. Rechts im Schatten, unmittelbar vor dem Beschauer, ein Park, Springbrunnen, weiße Statue, vielleicht ein Stück Schloß durch die Bäume lugend. Der irgendwo eingeschlafene Pfau darf nicht fehlen, rechts (etwa ⅓ der Breite) Aussicht in ein weites Tal, worin ein Strom in die dämmernde Mondferne hinausgeht. – Vielleicht noch besser statt des Mondes ein Gewitterschein, der das Ganze [d. h. nicht ganz den Park] von hinten erleuchtet. Schwüle Sommernacht. Ich bin sehr begierig, einen Versuch von Ihnen zu sehen" (7. 3. 1873). – Zwar sollte damit nicht ein Stormsches Gedicht eigentlich illustriert werden, sondern Eichendorff. Aber es ist schon erstaunlich, wie weit sich Storm in der Beratung eines illustrierenden Künstlers getraute.

Was Storms eigenen Anteil an der Anthologie angeht, so riet er dem jungen Speckter: „. . . können Sie ein schönes verlorenes Kind mit der Zither in der

Otto Speckter, zur Erzählung „Abseits“, 1865

Meta stand an der Hausthür.

Otto Speckter, zu der Erzählung „Abseits“

Hand schaffen, so nehmen Sie von mir ‚Heute nur heute' [Lied des Harfenmädchens]. Sie können ja etwas Immensee-Landschaft dahinternehmen. Lassen Sie einmal sehen." Vermutlich hatte Storm die von *Wilhelm Riefstahl* für die erste Prachtausgabe von „Immensee" gezeichnete Landschaft im Sinn, die er an seiner Wand ständig vor Augen hatte und die ihn so sehr beglückte. Begreiflicherweise folgte *Hans Speckter* den Ratschlägen nicht; das Storm-Gedicht blieb ohne bildliche Zutat. Eine recht gelungene Randleiste entstand dagegen zu „Von Katzen". Darin konnte der Zeichner gewissermaßen an die Tierfabel-Illustrationen seines Vaters anknüpfen.

Der Leipziger Verleger *Weber* nahm das Märchen „Die Regentrude" 1864 in die bei ihm erscheinende „Illustrirte Zeitung" auf. Als Illustrator schlug Storm wieder *Ludwig Pietsch* vor. Der Hausgraphiker des Verlags aber, *Anton Muttenthaler,* beanspruchte den Auftrag für sich. Es entstanden zwei recht flaue Zeichnungen in dem bei illustrierten Zeitungen damals üblichen Stil.

Paul Meyerheim, zur Novelle „Aquis submersus", 1877

Theodor Hosemann, zum Gedicht „In Bulemanns Haus", 1869

Bulemann's Haus. Originalzeichnung von Theodor Hosemann.

Theodor Hosemann, zum Gedicht „In Bulemanns Haus“, 1869

Wie weiter unten noch zu berichten sein wird, wurde der Berliner Maler *Paul Meyerheim,* der als Spezialist für Tierdarstellungen galt, damit betraut, die Möwe zu zeichnen, die sich Storm als Buchdeckelmotiv für die Neuauflage seiner Gedichte wünschte. Meyerheim wurde dann auch ausersehen, den „Spiegel des Cyprianus“ zu illustrieren, wurde aber durch Augenkrankheit daran gehindert, was Storm anscheinend nicht recht gelten lassen wollte. Aber auch die Skizzen, die dann *Pietsch* für dies Märchen machte, scheinen nicht zu der erwünschten Illustrationsfolge gediehen zu sein. Als 1877 die Novelle „Aquis submersus“ gesondert erscheinen sollte, schrieb Storm an die Verleger *Gebrüder Paetel:* „Sehr gern möchte ich, daß die Separatausgabe mit einem kleinen Bilde, dem Hof des Herrengutes mit den gezackten Giebeln hinter den alten Linden und den zwei großen Hunden am Brunnen (keine Menschen) darstellend, geschmückt würde. Sollte *Paul Meyerheim* uns den Gefallen nicht tun?“ Es geschah. Und jetzt machte Storm die Erfahrung, wohin es führen kann, wenn man dem Illustrator detaillierte Wünsche unterbreitet. Als er das Resultat in Händen hatte, schrieb er an *Pietsch:* „Deine Befürchtung mit Paul Meyerheim war begründet. Statt eines Landschaftsbildes mit Hunde-Staffage hat er ein Hundebild mit Landschafts-Staffage geleistet; so [etwas wäre] zu Brehm oder Speckters Fabeln [passend]. Keine Spur von Verständnis“ (20. 11. 1876). So konnte es geschehen, wenn man die im 19. Jahrhundert recht weit getriebene Spezialisierung der Künstler in „Fächer“ unterschätzte. Meyerheim war eben ausgesprochener Tiermaler von Fach. Dessen ungeachtet, hatte er mit einem gewissen Recht das Paar grimmiger Bullenbeißer Tartar und Türk, das mit Geheul und Jagen leitmotivisch die Schürzung des in der Novelle behandelten Konflikts begleitet und in seinem Eigentümer namens Wulf (nomen est omen) zugleich eine Art Urbild findet, zum Titelmotiv gemacht. Wie hätte eine eigentliche Landschaft, in der sich ein Hundepaar bewegt, dem Inhalt und Geist der Novelle genügen können? Hier fehlte es offenbar Storm am bildlichen Vorstellungsvermögen.

Neben Glücksfällen der Illustration stehen Unglücksfälle, und man könnte mit dem Dichter streiten, zu welcher Kategorie dies oder jenes Beispiel zu zählen ist.

Als ausgesprochenen Glücksfall muß man es bezeichnen, daß der Berliner Maler und Zeichner *Theodor Hosemann* damit betraut wurde, für die Zeitschrift „Die Illustrierte Welt“ 1869 eine Zeichnung zu „Bulemanns Haus“ zu liefern. Storm an Pietsch: „. . . nach reiflicher Überlegung habe ich ihn außer *Menzel* für den einzigen gehalten, der das kann.“ Anscheinend ging die Aufforderung dazu im Herbst 1864 von Storm aus; er ließ sie durch *Pietsch* übermitteln, rechnete aber mit Veröffentlichung in der angeseheneren Leipziger „Illustrirten Zeitung“. Während alle späteren Illustratoren den ersten Zeilen dieses Märchens folgen und den unheimlichen Bau in seiner Außenansicht darstellen, legt Hosemann beherzt einen Schnitt hindurch, so daß man Stockwerk für Stockwerk und Raum für Raum beobachten kann, welch verwirrende Turbulenzen die wunderlichen Menschen und die verwunschenen Tiere darin in Gang bringen. Freilich geht das auf Kosten der bedrückenden Hohlheit und Leere dieses spukhaft verödeten Hauses, die Storm doch auch durchfühlen läßt. Aber man spürt die Meisterhand dieses begnadeten Berliner Zeichners, seinen Einfallsreichtum, seinen Humor und die Eleganz seines Strichs, der Übersetzung in Holzschnitt ungeachtet.

Von Katzen.

Vergangnen Maitag brachte meine Katze
Zur Welt sechs allerliebste kleine Kätzchen,
Maikätzchen, alle weiß mit schwarzen Schwänzchen.
Fürwahr, es war ein zierlich Wochenbettchen!
Die Köchin aber — Köchinnen sind grausam,
Und Menschlichkeit wächst nicht in einer Küche —
Die wollte von den Sechsen fünf ertränken,
Fünf weiße, schwarzgeschwänzte Maienkätzchen
Ermorden wollte dies verruchte Weib.
Ich half ihr heim! — der Himmel segne
Mir meine Menschlichkeit! Die lieben Kätzchen,
Sie wuchsen auf und schritten binnen Kurzem
Erhobenen Schwanzes über Hof und Heerd;
Ja, wie die Köchin auch ingrimmig drein sah,
Sie wuchsen auf, und Nachts vor ihrem Fenster
Probirten sie die allerliebsten Stimmchen.
Ich aber, wie ich sie so wachsen sahe,
Ich pries mich selbst und meine Menschlichkeit. —
Ein Jahr ist um, und Katzen sind die Kätzchen,
Und Maitag ist's! — Wie soll ich es beschreiben,
Das Schauspiel, das sich jetzt vor mir entfaltet!
Mein ganzes Haus, vom Keller bis zum Giebel,
Ein jeder Winkel ist ein Wochenbettchen!
Hier liegt das eine, dort das andre Kätzchen,

Hans Speckter, 1875

Wohl nicht gerade ein Glücksfall, doch ein bezeichnender Beleg für die Rezeption Stormscher Dichtung zur Zeit seiner Heimkehr nach Husum ist die ganzseitige Holzschnitt-Zeichnung eines Ungenannten (Signatur: C. R. = *Carl Reinhardt*?) zu dem Gedicht „Gode Nacht“, die 1864 in der „Gartenlaube“ erschien. Als Anmerkung steht darunter: „Abendlied eines frühern schleswig-holsteinischen Flüchtlings, der nach manchem Jahre des Exils nun wieder in seine meerumschlungene Heimath zurückgekehrt ist.“ Der Bildaufbau ist kompliziert, die Idee nicht ohne Sentimentalität. Ohne die Hilfe von trennenden und verbindenden Stäben und Ranken ging es auch hier nicht ab. Aus einer Fensterhöhle lehnt ein junger Mann heraus – Storm selbst ist gemeint! – und blickt, in sich versunken, andächtig zum Vollmond auf, hinweg über die Dächer einer Stadt. Eingeschachtelt ist der Blick in eine Dachkammer, in der eine Mutter bei Kerzenschein ihr Kind in die Wiege bettet. Zum dekorativen Um und Bei gehört auch die pompös drapierte schleswig-holsteinische Fahne. Storm schrieb an *Pietsch:* „Hast Du das offenbar nach meiner Photographie gemachte Bild von mir im letzten Heft der Gartenlaube gesehen? Eine gute Landschaft; aber oben aus der Luke guckt mit fast gefalteten Händen ganz preziös sentimental ein Kerl in den Mond, der offenbar ich wäre, wenn er statt der kleinen Schweinsaugen die meinigen im Kopf hätte. Dazu eine echt Keilsche Anmerkung [*Keil:* der Verleger] im gemeinsten Gartenlaubenphrasenton; ich gehöre doch nicht in dies Blatt, und der Keil ist noch ganz stolz auf diesen Apfelschuß; ich habe ihm aber die Freude etwas verdorben“ (16. 12. 1864). – Es scheint mir bemerkenswert zu sein, daß Storm schreibt: „Eine gute Landschaft“. Erkannte er nicht die künstlerische Dürftigkeit?

Nun aber ein Unglücksfall. Die Novelle „Auf dem Staatshof“ erschien 1859 im Jahrbuch „Argo“, das in Breslau erschien und an dem Storm lebhaft Anteil nahm. Er wünschte sich von dem mit dem Illustrieren beauftragten Berliner Maler *Wilhelm Riefstahl* eine Darstellung des Staatshofes mit Landschaft, den heimatlichen Verhältnissen entsprechend. Dafür hatte er ihm von Heiligenstadt aus „Skizzen von Häusern und Dingen aus der Marsch zugehen lassen“ (6. 6. 58). Wer hatte sie ihm verschafft? Dafür kommt wohl in erster Linie sein Jugendfreund *Hans Nikolai Sunde* in Husum in Betracht; im Jahr zuvor war dieser fünf Wochen lang Gast von Storms Bruder Otto in Heiligenstadt gewesen. Es muß sich um Darstellungen eines Hofes nach Art eines Eiderstedter Haubargs und landschaftliche Motive gehandelt haben; was unter den „Dingen“ zu verstehen ist, bleibt freilich unklar. Was Riefstahl in Gestalt einer Randzeichnung daraus machte, ist erstaunlich dürftig und läßt die Vorgaben offenbar ganz außer acht. Aus verschwommenen Farbwolken tauchen die Kontur einer Dachschräge, daneben Baumkronen, davor ein Hecktor und Büsche auf. Dennoch ließ sich Storm bestechen und schrieb an Constanze: „... letztere nichts als etwas Gebüsch und ein Stück Dach, wohinter der Mond steht, darunter das Wasser der Graft; über dem goldenen Anfangsbuchstaben in der blauen Nachtluft eine weiße Rose, geknickt am Stengel hängend, unten ein Stück der alten zerrissenen Tapete, der Schäfer kniet noch, von der Schäferin sieht man nur noch das zierliche Röckchen und die abgehenden Füßchen. – Es wird der Dichtung sehr zugute kommen, denn es ist eine außerordentlich ahnungsvolle Stimmung darin. Gewiß kann niemand das ansehen, ohne daß der Wunsch in ihm aufstiege, zu erfahren, was

Theodor Storm.*

* Abendlied eines frühern schleswig-holsteinischen Flüchtlings der nach manchem Jahre des Exils nun wieder in seine meerumschlungene Heimath zurückgekehrt ist.

C. R., 1864

hinter diesem Duft und Schatten liegen möge, was die in die Nachtluft ragende geknickte weiße Rose bedeute und die kleinen abgehenden Füßchen. Und so wird er denn lesen müssen."

Der Jahrgang 1857 der „Argo" enthält eine ähnlich verblasene Randleiste zu Storms Erzählung „Wenn die Äpfel reif sind"; recht kunstlos stellt sie einen Apfelbaum dar.

Vor Landschaftsbildern konnte Storm erstaunliche Sentimentalität bekunden, gerade auch vor so mäßigen, wie es die Riefstahls sind. Als ihm *Pietsch* Blätter mit englischen Landschaften (von *Myles Birket Foster?*) geschickt hatte, schrieb er ihm, was ihm in Landschaften lebendig werden könne: „Ich meine etwa so: z. B. bei Riefstahls Herbstlandschaft mit dem Hünengrab, da ist mir ganz bestimmt, als liege da hinter der Heide das Herrenhaus des Gutes, von wo wir nur ausgegangen sind, um die Geheimnisse der alten Steppe aufzuwühlen, und denke schon an das behaglich erleuchtete Zimmer mit dem nordischen Teetisch, der uns bei der Rückkehr erwartet" (25. 6. 1863).

Ludwig Pietsch

Das erste von Storms Werken, das mit einer Folge von Illustrationen bedacht wurde, war die 1857 erschienene fünfte Auflage der Novelle „Immensee". Der Berliner Verleger *Duncker* beauftragte damit 1856 den ebenfalls in Berlin lebenden *Ludwig Pietsch* (1824–1911), zu einer Zeit also, als Storm in Potsdam als Assessor tätig war. Es kam zunächst eine zufällige Begegnung mit dem Dichter zustande, dann eine Reihe abgesprochener Besuche. Die Zeichnungen entstanden im Einvernehmen mit Storm. Die daraus erwachsene Freundschaft hielt bis zu Storms Tod an.

Wie die Briefe beider erkennen lassen, schätzte Storm die Pietschsche Illustrationskunst als die nahezu ideale Verbildlichung seiner Dichtung. Er wird auch die Leistung anderer daran gemessen haben.

Der aus Danzig stammende Pietsch hatte noch vor Abschluß seiner Ausbildung als Reportagezeichner in Berlin Fuß gefaßt. Er zeichnete für Werke verschiedener Art, auch für die um die Jahrhundertmitte aufkommenden illustrierten Zeitungen. „Immensee" war die anspruchsvollste seiner Aufgaben. Die Zeitgenossen, Storm eingeschlossen, sahen seine bescheidene Kunst als in der Nachfolge *Adolf Menzels* stehend; das ist heute schwerlich nachvollziehbar. Doch verstand es Pietsch, sich im Kunstleben und in der Gesellschaft Berlins eine geachtete Stellung zu sichern. Er war literarisch interessiert, kannte auch Storms Dichtung, soweit damals erschienen. Später ging er selbst zur Schriftstellerei über und war vornehmlich Pressereporter und Kunstkritiker der Vossischen Zeitung.

Am 4. Mai 1856 zeigte Pietsch dem Dichter die ersten Immensee-Zeichnungen. Er sah Storms Augen „in einem freudigen Glanz" aufleuchten, zumal beim Anblick der Zeichnung zu der Zeile: „Als er [Reinhardt] zu Ende war [mit dem Lesen des Gedichts „Meine Mutter hat's gewollt"], schob Elisabeth leise ihren Stuhl zurück und ging schweigend in den Garten hinaus." Storm war voller Lob. Er erbat sich das Blatt; er wollte es zeitlebens über seinem Bett hängen haben. Auch die übrigen Blätter fanden seine volle Zustimmung.

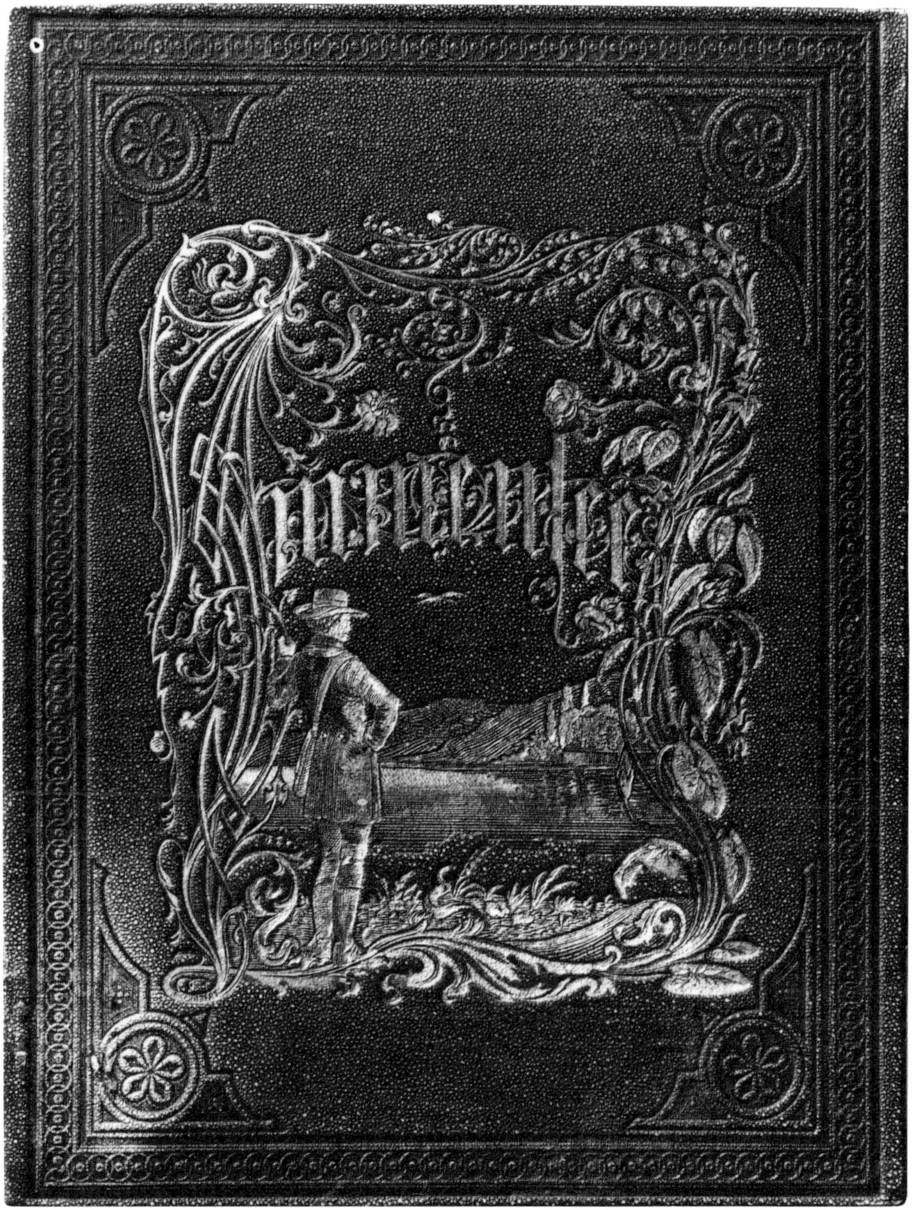

Ludwig Pietsch, Einband zu „Immensee", 1857 (Gold auf Rot)

Wie Pietsch berichtet, zeigte Storm Interesse auch an allem, was mit dem Umsetzen der Zeichnungen in den Druck zusammenhing. „Er war in diesen Dingen ein rückhaltloser Kritiker, der andererseits da, wo er etwas im rechten Sinn, zumal in seinem eigenen, empfunden und herausgestaltet fand, des wärmsten Enthusiasmus fähig . . . Was er tadelte oder verwarf, taugte sicher nichts. Sein Urteil riß mir manche Schuppen von den Augen." Zunächst freilich scheint es ihm an Distanz gefehlt zu haben: „Das eine Bild ‚Meine Mutter etc.' hatte mich so in eine vergangene, sommerwarme Zeit zurückversetzt, daß ich den Kontakt des damals und jetzt noch einmal auf das Stärkste durchempfand." Unter das Bild, so meinte er, solle Pietsch „ein Geschlinge von Lotosblättern mit kleinen Durchsichten auf dunkle Wässer [als] beste Verzierung" setzen. Pietsch entsprach dem willfährig, indem er eine Initiale daraus machte; doch geriet es nicht zum besten der ganzen Seite.

Storm legte Wert auf Geschlossenheit der Folge und wünschte über die je eine Darstellung pro Kapitel hinaus ein Bild des Moments, „wo Reinhardt aus dem Waldwege tritt und Immensee unter sich liegen sieht. Das müße auf dem Titelblatt stehen." Pietsch zeichnete es für den Einband, wo es dann in Gold(!) gepreßt auf rotem Grund erscheint. Diese Form der Wiedergabe brachte das Motiv um jegliche Bildwirkung. Sonst aber war die Wahl der Szenen dem Zeichner überlassen geblieben. Es entstanden acht halbseitige Illustrationen: 1) „Der Alte", in seinem Zimmer sitzend, 2) „Die Kinder" auf der Wiese, 3) das junge Paar „Im Walde", 4) die Studenten im Ratskeller, 5) der Abschied „Daheim" vor der Postkutsche, 6) die Begegnung von Reinhardt und Elisabeth auf Immensee in der Tür des Gartensaals, 7) die schon genannte Szene „Meine Mutter hat's gewollt", 8) das Paar im Boot. Den kürzeren Kapiteln („Ein Brief" und „Der Alte") wurde je eine Initiale mit einer Figur beigegeben. Als Schlußvignette erscheint der überwölkte See mit der Wasserrose.

Pietsch berichtet von seinen Schwierigkeiten. Er gesteht: die Landschaft lag ihm immer fern, und „der leidige Wald machte mir viel Müh und Sorgen". Für die dem Titelblatt vorgesetzte farbige Tafel mußte daher eigens ein Spezialist für Landschaftsmalerei gewonnen werden. Zunächst wurde der als Tier- und Porträtmaler(!) bekannt gewordene *Karl Johann Arnold* vorgeschlagen, dann aber der schon mehrfach genannte Landschafts- und Architekturmaler *Wilhelm Riefstahl* (1827–1888) gewonnen. Storm sträubte sich dagegen, daß die Immensee-Landschaft als farbige Lithographie gedruckt werden sollte; er verabscheute die Lithographie als Technik, wie er schrieb. Er wünschte sich die Photographie (eines gemalten Bildes), wie dergleichen ihm der Berliner Landschaftsmaler *Hermann Eschke,* der ihm in Husum begegnet zu sein scheint, empfohlen hatte („Da es etwas Neues ist, so würde es ja auch dem Absatz zugute kommen"). Dann wäre Farbe ausgeschlossen worden. Aber Storm kannte sich in den Wiedergabetechniken offenbar nicht aus; denn er schrieb selbst: „Die Photographie wird auf Stein übertragen und dann gedruckt" – also doch Lithographie! Es gelang Pietsch, ihn umzustimmen: die von Eschke „zu seines Rumes Posaune" empfohlene Praxis sei „durchaus unreif und unbrauchbar".

Als alle Vorlagen für den Holzschnitt beisammen waren, wurden sie Storms Freund *Friedrich Eggers* zur Begutachtung unterbreitet. Dieser lobte sie in hohen Tönen und erklärte, sie seien ein „Muster aller Illustrierung",

Die Kinder.

Bald trat die anmuthige Gestalt eines kleinen Mädchens zu ihm. Sie hieß Elisabeth und mochte fünf Jahre zählen; er selbst war doppelt so alt. Um den Hals trug sie ein rothseidenes Tüchelchen; das ließ ihr hübsch zu den braunen Augen.

Reinhardt! rief sie, wir haben frei, frei! den ganzen Tag keine Schule, und morgen auch nicht.

Reinhardt stellte die Rechentafel, die er schon unterm Arm hatte, flink hinter die Hausthür, und dann liefen beide Kinder durchs Haus in den Garten, und durch die Gartenpforte hinaus auf die Wiese. Die unver-

eine „vollständige Wiederdichtung". Dann bekam sie der Holzschneider *Karl Eduard Kretzschmar* in Leipzig für den Schnitt. Damals galt er als der beste seines Faches in Deutschland. Aber er enttäuschte. Seine derzeitige Lage ermöglichte ihm nicht, die ganzen Holzstöcke zu schneiden, er könne nur die Köpfe übernehmen; das übrige müßten Hilfskräfte ausführen, teilte er mit. Daraus ergaben sich Mißhelligkeiten. Storm wie Pietsch fanden an der Ausführung vieles auszusetzen: hier die Köpfe, dort die Hände und andre Einzelheiten. Schließlich schrieb Pietsch ironisch: „Dem edlen Tun des Holzschneiders hatte sich nun noch der Graveur des Deckels angeschlossen und schließlich gar der Drucker durch seine Leistungen sie alle überboten. Es war mir ein schlechter Trost, daß ich bald merken konnte, daß das betreffende Publikum das Ding im ganzen doch nicht so übel fand – meine Freude daran war so völlig zerstört, daß ich mich nicht entschließen konnte, das mir von *Duncker* zugeschickte Exemplar im Hause zu behalten: ich machte daraus ein Weihnachtsgeschenk und bin froh, es nicht mehr sehen zu dürfen. Ihre [= Storms] Empfindungen darüber mögen auch nicht die erfreulichsten gewesen sein; möge sich nur nicht die kleinste Bitterkeit gegen mich als eigentlichen Veranlasser der ganzen Illustrierung Ihres deren nicht bedürfenden Kindes ansetzen." Offenbar schloß sich Storm diesem Urteil an. Später meinte er, die Illustrationen seien schlicht „verhunzt", „verdorben". Aus Kiel vernahm er das Urteil: „wahre Stümperarbeit". Er wünschte einen Verleger-Auftrag an Pietsch über eine neue Folge von Immensee-Illustrationen, möglichst mit Husumer Lokalkolorit.

Von der künstlerischen Qualität der Pietschschen Zeichnungen blieb Storm indessen überzeugt und lobte auch seine später entstandenen Illustrationen zu Werken anderer Autoren. *Pietsch:* „Wahrhaft rührend war Storms Interesse an allem, was meine Hände auf Papier und Holz, Kupfer und Lithographiestein zustande brachten." Übte Storm einmal Kritik an Pietschs Arbeiten, so klang sie schulmeisterlich und betraf nicht eigentlich künstlerische Schwächen: „Der Hauskobold [in Mannhardts ‚Götterwelt'] ist ein netter kleiner Kerl; allein nicht völlig Portrait[!]. Ich kenne den Niß Puck aus meiner Heimat sehr genau: die Nase ist viel grotesker und die Augen wohl etwas mehr geschlitzt" (21. 5. 1860).

Einer Angabe bei Pauls zufolge blieben die Zeichnungen von Pietsch zu „Immensee" in der Familie Storm bewahrt. Zumindest eine Probe, die Initiale D, hängt heute im Husumer Storm-Haus aus.

Nach Abschluß des Werkes bewährte sich die Freundschaft weiterhin. Pietschens Illustrationskunst wurde für Storms Dichtung noch mehrfach in Anspruch genommen. So lieferte er, wie oben schon bemerkt, auf Storms Betreiben Illustrationen zu „Unter dem Tannenbaum"; die Zeichnungen dafür befinden sich im Storm-Haus. Wie es scheint, entwarf Pietsch auch den einen oder anderen Einbanddekor. Im Storm-Haus wird ferner ein Entwurf zu „Auf dem Staatshof" bewahrt. Nachdem Skizzen, die *Ludwig Richter* zum „Hinzelmeier" vorgelegt hatte, nicht befriedigten, machte Pietsch Vorschläge zur Bebilderung auch dieser Novelle, sehr zu Storms Freude. Doch auch er erhielt den Auftrag nicht, und die Separatausgabe blieb unillustriert. Auch für die Illustration des „Spiegel des Cyprianus" schlug Storm Pietsch vor, vergeblich (13. 3. 1865).

Im Oktober 1876 besuchte Pietsch seinen Freund in Husum, nachdem er

Wilhelm Hasemann, zu „Immensee", 1888

in Heiligenstadt mehrfach bei ihm eingekehrt war, und später traf er ihn noch einmal in Baden-Baden und Berlin. Mittlerweile aber hatte Pietsch den Zeichenstift aus der Hand gelegt und widmete sich ganz dem Schreiben. Als beharrlicher Befürworter traditioneller – um nicht zu sagen konservativer oder gar reaktionärer – Malerei nach Art eines *Anton von Werner, Ludwig Knaus* u. a. übte er starken Einfluß aus und stand den in den 1890er Jahren in den Vordergrund drängenden Tendenzen der Moderne entgegen.

Gemessen an den bedeutenden Leistungen der Illustrationskunst der Jahrhundertmitte, deren Höhepunkte die Namen *Adolf Menzel* und *Alfred Rethel* bezeichnen, blieb Pietsch befangen in konventioneller Bühnenbild-Malerei, und es fehlt ein Zusammenklang mit dem Satzbild des Textes. Was Storm so sehr befriedigte, lag wohl in dem, was als „Stimmung" in den Zeichnungen webt, was in Tonigkeit und zartem Strich recht mühsam zur Geltung zu kommen sucht, aber ganz ohne Temperament bleibt. In der Überlänge der Personen liegt ein gewisser Manierismus, in dem jeweiligen „Bühnenbild" ein Zug, der aus der Reportage-Praxis stammt. Bezeichnend für Pietschs Bemühen sind seine Bemerkungen Storm gegenüber, etwa über die Haltung der im Kahn sitzenden Elisabeth, um deren Nackenlinie und Profil es ihm zu tun war (wohl weil er wußte, wie sehr auch Storm gerade diese Ansicht bei Frauen liebte).

Kann man die Illustrationen heute noch poetisch nennen – wie sie von den Zeitgenossen gewiß empfunden wurden? Storms Novelle hielt bis heute stand. Diesen Illustrationen indessen blieb das Verblassen nicht erspart, was nicht die Schuld der Holzschneider ist. Pietschs Wirken als Künstler wie als Kritiker verfiel alsbald der Vergänglichkeit, ja einem harten Verdikt. Für Storm war er ein vertrauter Freund; als solchen mag man ihn würdigen. Als *Volquart Pauls* den Briefwechsel herausgab, wäre es aber angebracht gewesen, auch etwa den kompetenten Nekrolog zu berücksichtigen, der 1912 in der Zeitschrift „Kunst und Künstler“ erschien: „ein sehr kleines Talent“, „ein schlimmer Mensch“, „eine liebenswürdige Philisternatur“, „ein schlechter Kunstrichter“. „Die Ehre der Kunst“, heißt es weiter, „fordert diese Konstatierung. Die Ehre jener Kunst, von der es heißt, sie sei lang, das Leben aber kurz.“ Freilich mag man auch die Würdigung des Zeichners durch *Makkowsky* berücksichtigen (Zeitschr. f. bildende Kunst 23, 1912). Storms Dichtung hat sich als „lang“ erwiesen, Pietschs Illustrationskunst als „kurz“.

„Immensee“ in Prachtausgabe

Mehr noch als die von Pietsch illustrierte fünfte Auflage mußte die 1887 erschienene Ausgabe der Novelle „Immensee“ mit Illustrationen von *Wilhelm Hasemann* und *Edmund Kanoldt* als Glanzleistung der Buchkunst erscheinen. Der Verlag *Amelang,* Leipzig, brachte sie zu Storms 70. Geburtstag heraus. Mittlerweile war die Heliogravure in Gebrauch und Mode gekommen. Illustrierte Ausgaben profitierten nach dem Geschmack der Zeit von der malerischen Tonigkeit, mit der man jetzt Bilder drucken konnte. Sie erscheinen wie Gemälde. Aber man konnte sie nicht wie die Holzschnitte alter Art zusammen mit dem Text drucken, was die Herstellung kostspieliger machte. Luxusausgaben der Gründerzeit warteten mit aufwendigem Bilderschmuck in samtigen Tönen auf. Bilder und Text, Graphik und Typographie standen einander noch fremder gegenüber als zuvor.

Die beiden „Immensee“-Illustratoren fanden indessen besser zusammen, als *Pietsch* und *Riefstahl* sich miteinander vertragen hatten. Der Gesellschaftskunst des späten 19. Jahrhunderts zollten beide ihren Tribut. Neun ganzseitige „Vollbilder“ (wie der Ausdruck lautete) wirken wie in Schwarz-Weiß tonig reproduzierte Gemälde, meist mit detailliert ausgeführten Landschaften, in denen sich die agierenden Personen nahezu verlieren, oder in Interieurs, aus deren Dunkel sie groß auftauchen. Die halb- oder dreiviertelseitigen Abbildungen (wie man jetzt schon sagen muß) stehen ihnen kaum nach. Mit einer gewissen eklektischen Virtuosität werden die Darstellungsmittel beherrscht, Stimmungen verbinden sich mit der Eleganz der Gestalten zu einer gewissen Vornehmheit. Storms Personen agieren mit Preziosität und Raffinement. Ein sonorer Ton liegt über allem – man begreift, mit welcher Gemütsschwere Storms Novelle damals gelesen wurde, wie empfänglich ein –

Edmund Kanoldt, zu „Immensee", 1888

zumindest im Äußerlichen – anspruchsvolles Publikum das Stimmungshafte auszukosten liebte, wie leicht aber auch „Tiefe" der Dichtung mit „Tiefe" des Farbtons verwechselt werden konnte und wie weit entfernt alles Sinnbildliche blieb, wie sehr sich der Abstand zu den schlichten Illustrationen eines *Otto Speckter* vergrößert hatte. Das zuvor nahezu unerläßliche Rankenwerk entfällt oder zieht sich auf die Ränder der Tableaus zurück; und damit verschwindet auch alles Spielerische, Dekorative. Das ernstzunehmende Tafelbild herrscht vor, auch wenn die Konturen sich nach Art eines Aquarells leicht lockern; es wetteifert mit dem Gemälde der „großen Malerei", von der Storm gesagt hat, sie diene ja wesentlich dem Reichtum und der Macht. Aber inzwischen wird er duldsamer geworden sein. Er mußte das Geburtstagsgeschenk würdigen, und gewiß tat er das unbeschwert.

Signaturen

Schrittweises Illustrieren, Szene nach Szene, Motiv für Motiv, ist das eine, ein bildliches Motiv einem Band voranzustellen oder aufzuprägen, ein Motiv, das den ganzen Inhalt bezeichnet, das andere. Die bei *Schindler* in Berlin 1856 erschienene zweite Auflage der „Gedichte" trägt auf dem Deckel in Goldpressung die Zeichnung einer über glatter Wasserfläche schwebenden Möwe, gewiß auf besonderen Wunsch Storms. Für die dritte Auflage wünschte Storm die Wiederholung dieses Motivs. Mit dem Ergebnis aber scheint er nicht zufrieden gewesen zu sein: der Vogel war zu plump geraten. 1864 wurde die vierte Auflage vorbereitet; *Pietsch* sollte die Zeichnung liefern. Storm legte Wert darauf, vor dem Druck „seinen Senf dazu zu geben". „Sehr lieb wäre es mir, wenn als Kern des Ganzen [womit nur ein den Deckel überziehendes Ornament gemeint sein kann] wieder in die Mitte eine über dem Wasser schwebende Möwe käme, nicht zu winzig. Kannst Du Dir das so arrangieren, dann laß Dir doch von kundiger Hand eine echte Möwe zeichnen; denn wenn Du auch Rosen machen kannst, Möwen kannst Du doch nicht machen. Sodann müßte eines Teils ‚Gedichte von Theodor Storm' dazwischen angebracht sein, und auch die Kante für den Goldpressendruck gezeichnet sein. – Du denkst wohl: ‚Mein Herr Maler, will er wohl' [so beginnt ein Gedicht, in welchem ein naiver Bauer einem Maler Unmögliches zu malen abverlangt] – Aber geh nur dran."

Darauf antwortete Pietsch: „Die Möwe soll gemacht werden von kundiger Hand", was anscheinend beim Verleger Schindler auf Widerstand stieß. Im Januar 1864 endlich schickte Pietsch dem Dichter die neue Zeichnung: „Die Möwe ist von dem genialsten Maler und gründlichsten Kenner jeder Tierart, *Paul Meyerheim,* genau vorgezeichnet und sieht wohl etwas anders aus als jenes gansartige Meerwunder auf dem früheren Deckel." Meyerheim wurde oben schon als Zeichner der Hunde zu „Aquis submersus" genannt.

Gewiß dachte Storm an das schon 1840 entstandne Gedicht „Die Möwe" oder an die Zeile im Gedicht „Meeresstrand": „Ans Haff nun fliegt die Möwe" oder auch an den Vers „Vom Strand herüber dringt ein Möwenschrei" (in „Abschied") und fand in diesem Signum Welt, Wesen und Geist seiner Lyrik verdichtet. In das heimatliche Motiv war er wohl ein wenig

Ungenannter Zeichner, Einbandmotiv, 1898

verliebt. Den ihm befreundeten junge Maler *Hermann Schnee* ließ er 1858 eine Bouillontasse bemalen und bestellte sich als Motiv „mein bekanntes Medaillon, die Möwe im Sonnenschein über dem Meer fliegend, und darunter die Worte des ‚Oktoberlieds':

Ist doch die Welt, die schöne Welt,
So gänzlich unverwüstlich!"

Mit dieser Tasse wollte er seinen Freund, den Landrat in Heiligenstadt, *Alexander Wussow* beschenken, der in „Wappentassen" vernarrt war. Storm wollte ihn necken und beauftragte Schnee, eine Manschette, die um die fertig bemalte Tasse geklebt werden sollte, mit einer Windmühle zu bemalen; denn die sei das Wappenzeichen seiner Familie, weil er aus einer Müllerfamilie stamme. Darunter sollte stehen:

„Die Windmühl soll mein Wappen sein! ..."

Storm teilte die Wussowsche Wappenleidenschaft (als eine vornehmlich feudale Angelegenheit) keineswegs und versprach sich offenbar einen besonderen Effekt davon, daß, wenn die Manschette mit der Mühle dann abgenommen werden würde, anstatt seines – banalen – Familienwappens sein eigentliches Wappen, sein Dichtersignet, eben die Möwe zutage kommen würde. Mit diesem allein war es ihm ernst. In ihm verdichtete sich nach seiner Vorstellung die ganze Atmosphäre seiner Heimat wie im Schwebenden der Geist der Dichtung. Mittlerweile ist wie der Name des Dichters so auch das Bild der schwebenden Möwe im Dienst des Husumer Kommerzes zur werbenden Waren- und Firmenmarke reichlich ge(miß)braucht worden.

Aber auch die Windmühle taucht in Storms heimatlichen Bildvorstellungen wie in seinen Dichtungen wiederholt auf. *Hermann Schnee* ließ er auch ein Paar Kaffeetassen bemalen, die eine mit einer Windmühle, die andere wieder mit der Möwe. Sie waren als Geschenke seinen Söhnen Hans und Ernst zugedacht und hatten den Vater und den Dichter zu repräsentieren. Und auch für Constanze wünschte er sich eine Tasse mit Möwe. Ja, es gibt zumindest einen Schutzumschlag mit dem Mühlenmotiv, nämlich zu einer Ausgabe von „Hinter dem Deich", 1950 im Hera-Verlag erschienen. Der Zeichner kann sich auch darauf berufen, daß Storm seinen Namen als Hinweis auf die Wind-Mühle ansah, wenn auch mit Ironie.

Ein anderes Signum der Stormschen Dichtung begegnet auf manchen Ausgaben seiner Werke, Band für Band in der gleichen Form: das Heidekraut, als Büschel, als Kranz oder als ganze Pflanze. Auf Westermanns 1904 und 1912 erschienenen Ausgaben ist es ein Büschel. Wem läge nicht im Ohr, was Storm über die Heide in Poesie und Prosa geschrieben hat: „Über die Heide hallet mein Schritt." Oder man denke an den Anfang von „Aquis submersus", wo der Weg von Husum nordwärts geschildert wird. In der ganzen Heidepflanze auf den acht Buchdeckeln der „Sämtlichen Werke, neue Ausgabe", 1898 bei *Westermann* erschienen, prägt sich schon der Jugendstil aus. Das kleine, naturalistisch und vignettenhaft gezeichnete Motiv hat sich zu einem stattlichen Busch gewandelt, der sich im Sinne moderner Einband-Kunst über die ganze Fläche entfaltet, nicht ohne elegante Leichtigkeit. Keine

Frage: dergleichen war als künstlerische Form erst jetzt, in den 1890er Jahren möglich, und vermutlich fiel die Wahl erst jetzt, nach Storms Tod, darauf. Eine vierbändige Ausgabe zeigt auf dem Einband zwei Heidezweige, die von den Seiten her zur Mitte ragen. Steckt hinter dieser Wahl wirklich, wie vermutet worden ist, eine von *Hermann Löns* inspirierte Heide-Schwärmerei? Löns begann erst nach 1900 zu wirken.

Westermann wählte auch andere Motive: für eine dreibändige Werkausgabe z.B. einen blühenden Baum, von einem Oval eingefaßt. Nach der Freigabe des Abdruckrechts (1917) tauchten weitere Signa auf, so etwa auf einer dreibändigen Ausgabe des Hamburger Hansa-Verlags eine Küstenlandschaft mit Heidestrauß. Der *Knaur*-Verlag entschied sich, wenig glücklich, für den Kopf des Dichters, in knappen Strichen in Gold(!) auf Grün, tief eingepreßt. Andere Ausgaben tragen den Namenszug.

Seiner frühen Ausgabe der „Gesammelten Schriften", erschienen 1868, gab *Westermann* ein dem Titelblatt vorgeheftetes Titelbild bei: an einem Waldbach hat sich ein langgewandertes Mädchen (eine Elfe?) niedergelassen und bläst die Schalmei; Amor, geflügelt und mit dem Bogen bewaffnet, sitzt ihr gegenüber und lauscht. Auch spätere Gesamt- wie Separatausgaben wiederholen dies sentimentale Motiv; es kehrt als Relief auch auf den Buchdeckeln der ersten Gesamtausgabe wieder, ebenfalls, in Leder gepreßt, auf der Schreibmappe, die Storm aus Kiel geschenkt bekam. Zugestutzt erschien es auch als Einbandmotiv in Goldpressung auf dem „Hausbuch aus deutschen Dichtern" (4. bei Westermann erschienene Auflage). Was Storm davon hielt, bleibt verschwiegen. Vielleicht aber bezieht sich darauf die an *Hans Speckter* gerichtete Bemerkung: „Die Stimmung [wie sie bei *Eichendorff* vorwaltet] ist unendlich tiefer, als sie durch Elfen oder dergleichen Verkörperungen des menschlichen Wunderdranges ausgesprochen werden könnte" (7.3. 1874) – obwohl er selbst schrieb: „Im Grunde wachen die Elfen auf" („Tannenkönig", Märchen-Gedicht). Was ihm offenbar nicht zusagte, war die Darstellung derartiger Gestalten im Bild. Storm tendierte, wenn schon Verbildlichung zu Gedichten in Betracht kam, zu Landschaftsmotiven und entwarf sogar selbst ein solches zu *Eichendorff*. Es ist nicht erhalten. Für die Bebilderung des „Hausbuchs" gab er den Porträts der Dichter den Vorzug.

An *Pietsch* schrieb Storm: „Sieh Dir einmal in einer Buchhandlung das Probeheft der Gesamtausgabe an. Es ist ein sehr anmutiger Holzschnitt darauf. Meine Muse sitzt ‚in Thymiane, sie sitzt in lauter Duft'. Ein Amor sitzt im Grase ihr zu Füßen und horcht höchst gespannt" (3.10. 1868). Leider ist der Zeichner unbekannt. Offenbar war zumindest er noch tief befangen in den allegorischen Vorstellungen wie in den Stilmitteln einer vergangenen Zeit. Das Verhältnis Storms zur Allegorie ist indessen wieder ein besonderes Kapitel. Das Buch „Deutsche Liebeslieder", das 1859 in Berlin erschien und in dem auch er vertreten ist, trägt auf dem Deckel das Bild einer Amorstatue auf einem Sockel. Lag das in seinem Sinn?

Storms poetische Vorstellungswelt gehört in hohem Maße noch dem 18. Jahrhundert an, genauer: der Zeit des Berliner Kupferstechers *Daniel Chodowiecki* (1726–1801), dessen kleine graphische Blätter, großenteils Illustrationen zu literarischen Werken, Storm über alles liebte. Im März 1853 schreib er: „Ich bin fanatisch auf Chodowiecki"; seine Freunde halfen ihm, seine Sammlung zu erweitern; Proben davon sind im Storm-Haus zu sehen.

Ungenannter Zeichner, Titelmotiv

In den kleinen Kupfern spiegelt sich das bescheiden-bürgerliche Leben vornehmlich Berlins, dem Leben in Husum, wie es sich auch später noch abspielte, nicht unähnlich. Doch gehörte Storms Liebe auch der Rokoko-Welt *Salomon Geßners,* in der auch Amoretten figurieren, und seine Liebe galt ebenso den Künstlern der Romantik. –

Zurück zu den signifikanten Außenmotiven auf Stormschen Büchern! Auf neueren Ausgaben – wir verzichten auf genauere Zitate – begegnet etwa ein

Ahornblatt. Man denkt an Gedicht- und Erzählungstitel „Ein grünes Blatt" – oder eine Muschel – wohl als Zeichen der Meeresnähe zu verstehen. Ein Blumentopf allerdings bleibt ein Allerweltsmotiv. Eine bei *Winkler* in München erschienene Dünndruck-Ausgabe trägt eine pfenniggroße Vignette mit drei Giebelhäusern aufgeprägt; man denkt an Storms Sinn für „Örtlichkeiten". Andere Verlage verzichten auf jede äußere Kennzeichnung des Buchinhalts oder des Autors und setzen ihr Verlagssignet an die Stelle, um – das ist der Lauf der Welt – nach heutiger Art das Buch als eine Art Markenware des Kommerzes zu kennzeichnen, die reihenweise, serienweise erscheint.

Auch Einzelausgaben der Novellen tragen bezeichnende Motive, die als Teil fürs Ganze eintreten und es auf dem Einband symbolisieren, so z. B. die Wasserrose, von der Storm selbst als von einer Allegorie sprach und die für ihn aus eigenem Erleben besondere Bedeutung gewonnen hatte, auf „Immensee"-Ausgaben oder die Kasperl-Figur auf „Pole Poppenspäler". Dergleichen „Allegorisches" habe er „als etwas aus dem Tatsächlichen beiher sich von selbst Ergebendes empfunden . . . Mir selbst ist dergleichen oft in die Feder gelaufen", schrieb er an *Keller*. Freilich ist das eine andere Art von Allegorie als die etwa von Frauengestalten verkörperte.

Abseits.

Es ist so still, die Heide liegt
Im warmen Mittagssonnenstrahle;
Ein rosenrother Schimmer fliegt
Um ihre alten Gräbermale;
Die Kräuter blühn, der Heideduft
Steigt in die blaue Sommerluft.

Ungenannter Zeichner, in: Fr. Bodenstedt, Album deutscher Kunst und Dichtung, Berlin, 2. Aufl. 1872

So sehr Storm seine erzählenden Werke illustriert zu sehen wünschte, so entschieden verwarf er das Illustrieren seiner Gedichte. An eine ihm persönlich unbekannte Dame, *Olga Weiss,* die ihm ihre Zeichnungen zu seinen Gedichten geschickt hatte, schrieb er am 21.5. 1876: „... ein lyrisches Gedicht ... ist ein so zartes Wesen, daß es durch eine Illustration, auch die meisterhafteste, für den Leser vernichtet wird; wenn die Illustration nicht durch Hervorrufung einer Zwiespaltigkeit stört, so nimmt sie jedenfalls einen großen Teil der Aufmerksamkeit des Lesers in Anspruch, und so schadet eins dem andern". Er erklärte die Zeichnungen der Dame kurzerhand für selbständige Bilder, zu denen seine Gedichte nur den Anstoß gegeben hätten, und er empfahl, sie in gesonderter Mappe in photographischer Reproduktion erscheinen zu lassen.

Zu Storms Lebzeiten erschien denn auch keine illustrierte Ausgabe seiner Gedichte, wenn man von der ersten mit den Umschlag-Zeichnungen von *Hugo Bürkner* absieht, von welcher schon die Rede war. Die Äußerung von 1876 erklärt vielleicht nachträglich, weshalb er *Mörike* um Nachsicht dieser Zeichnungen wegen bat. Seine Abneigung ist verständlich. Indessen mußte er – gewiß widerwillig – einige weitere Gedicht-Illustrationen passieren lassen, nämlich in Sammelwerken, zu denen in diesem Zusammenhang auch die bescheidenen Zeichnungen *Wilhelm Heuers* in *Biernatzkis* „Volksbuch" von 1844ff. zählen. Freilich wird Storm die dort veröffentlichten Gedichte nicht gerade zu den „zarten Wesen" gerechnet haben. *Hans Speckters* Zeichnung zum Katzen-Gedicht, enthalten in Storms eigenem „Hausbuch aus deutschen Dichtern", muß mit ausdrücklicher Zustimmung Storms entstanden sein. Je nach Art des Gedichts, so darf man schließen, schien ihm also eine Illustration angemessen oder nicht.

Nach Storms Tod freilich konnte niemand mehr verhüten, daß auch die „zarten Wesen" unter seinen Gedichten illustriert wurden, vornehmlich in den ungezählten Anthologien, deren disparaten Inhalt man gern durch Bebilderung von e i n e r Hand eine gewisse Geschlossenheit zu geben suchte.

Von dieser Art ist etwa das „Hausbuch deutscher Lyrik", 1902 von *Ferdinand Avenarius* mit Zeichnungen von *Fritz Philipp Schmidt* herausgegeben. Zwar wahren die Zeichnungen thematisch gebührende Distanz zu den Gedichten. Aber was soll man denken, wenn der Zeichner Storms Gedicht „Für meine Söhne", dieser lebensklugen Mahnung, die Darstellung einer derben, den Hammer schwingenden Faust hinzugesellt? Man kann nur kombinieren: damit sollen wohl die „goldenen Rücksichtslosigkeiten" gemeint sein – und man gerät in Verlegenheit. Oder soll sich das Bildmotiv etwa auf das voraufgehende Gedicht von *Max* „Im Eisenhammer" beziehen? Das aber ist nicht gut möglich, denn darin ist von einem Hammerwerk mit Wasserantrieb die Rede. Storm hat schon recht: Lyrik ist zu empfindlich; man sollte sie nicht illustrieren. Das hat jedoch so mancher Herausgeber einer Anthologie von Gedichten nicht bedacht; und so mag denn manches Storm-Gedicht durch eine Bildbeigabe nach Ansicht des Dichters „für den Leser vernichtet" worden sein.

Erst recht nach dem Ersten Weltkrieg, als nach Ablauf der damals geltenden Schutzfrist jedermann Storms Werke nachdrucken konnte, setzte man

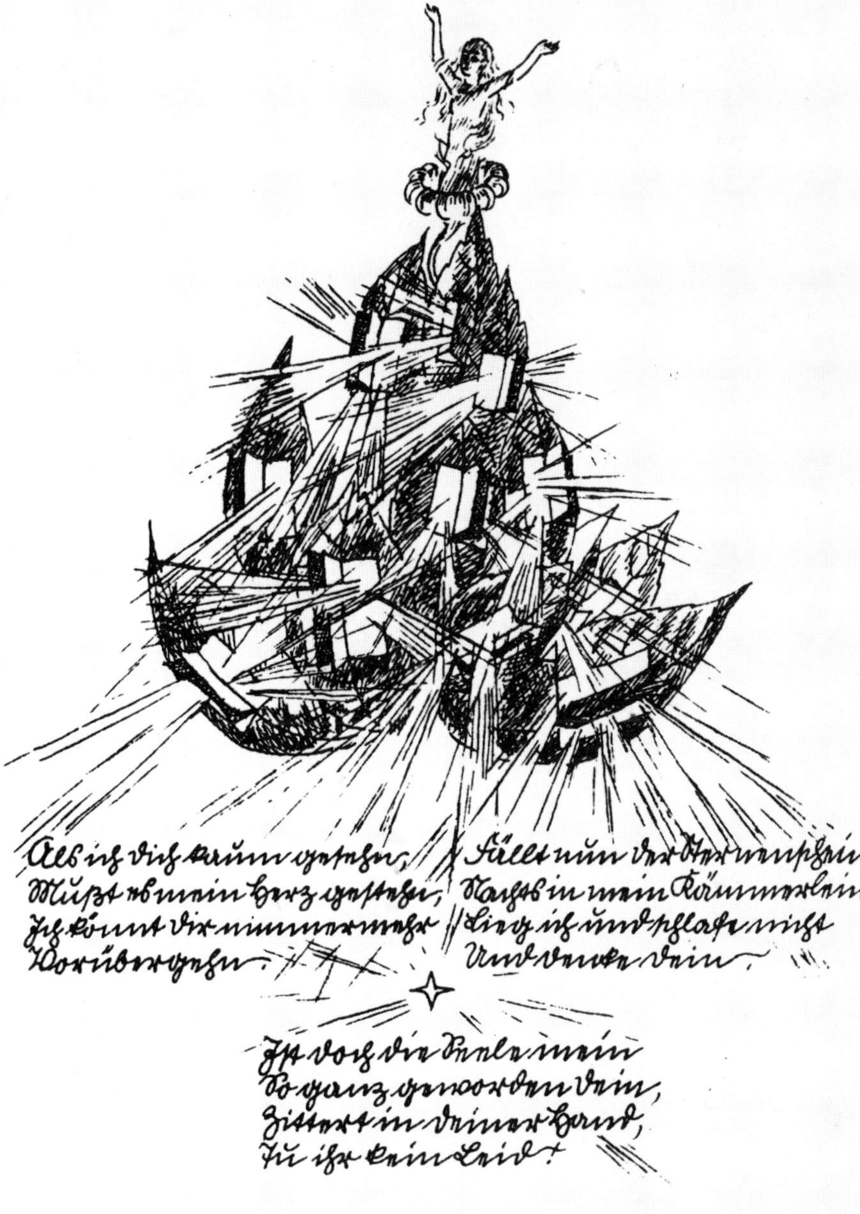

Josua Leander Gampp, aus „Stormliederbuch", vor 1921

sich über Storms Einwand hinweg. 1919 erschien bei *Alexander Duncker* in Weimar das „Stormliederbuch" mit Handzeichnungen von *Josua Leander Gampp*. Das Büchlein im Oktavformat, das zu der Reihe „Aus deutschen Gärten" gehört, fand Gegenstücke in einem „*Eichendorff*-" und einem „*Mörike*liederbuch". Es enthält 45 nicht numerierte, einseitig bedruckte Blätter. Jedes Blatt trägt eine Zeichnung und dazu geschriebene Verse (in „deutscher" Schrift), mit leichter Feder und viel Geschmack auf Papier gebracht. Bildmotiv und Schrift sind als graphische Einheit zu sehen, gehen hier und dort auch ineinander über. Die bildlichen Motive spielen mehr oder weniger direkt auf die Worte der Dichtung an, bewegen sich aber auch in überkommenen oder auch frei erfundenen Vorstellungen: Blütenkelche, Ranken, Kinderfiguren, zarte Andeutungen von Landschaften, strahlende Sonnen, aufplatzende Früchte, hinhuschende Wolken- und Windgestalten u.s.w. An eine Form von Illustration von so leichter und freier Art hat Storm wohl nicht denken können.

An die schon genannte Zeichnerin *Olga Weiss* hatte Storm 1876 geschrieben: „Sie müßten nicht allein mich, sondern auch unsern äußersten Norden Deutschlands sehr genau kennen, wenn so etwas [wie eben die Illustration seiner Gedichte] auch nur annähernd gelingen sollte." Unter Illustrationen zu seinen Gedichten stellte er sich also vornehmlich Landschaftsschilderungen vor, Heide- und Küstenmotive vermutlich. Von dergleichen hält sich *Gampp* völlig fern. Hätte Storm seine Zeichnungen gutheißen können? Immerhin war er erklärtermaßen entzückt von *Paul Konewkas* Silhouette zum Nachtigallen-Gedicht, das er zweifellos zu jenen „zarten Wesen" zählte, die durch Illustrieren hätten vernichtet werden können. Die Silhouette verdeutlicht ihren Gegenstand nicht, ihr Umriß deutet nur an. Und sie entbehrt völlig eines Anklangs an Storms Heimatlandschaft. Auch Gampp hat für seine Umsetzung ins Bild eine graphische Form gefunden, die fern aller regional bestimmten Landschaft nur hindeutet auf Lebendig-Gegenständliches, das den Leser nicht, wie Storm befürchtete, ablenkt. Das Anschaubare läßt er in der Schwebe, belädt es nicht mit symbolischer oder gar allegorischer Last. Insofern lassen sich seine Zeichnungen mit Konewkas Silhouette vergleichen, und insofern auch wird man Gampps kleines Werk als gelungen betrachten können.

Einen anderen Versuch machte 1921 der *Konegen* Verlag in Wien mit einem Büchlein in Miniaturformat (11,5 × 9,5 cm): „Theodor Storm Gedichte. Auf Stein gezeichnet von *Ernst Kutzer*, geschrieben von *Jutta Schulhof*". Dreißig Seiten tragen zwanzig in Fraktur geschriebene Storm-Gedichte, dazu sechs ganzseitige und vier kleinere Farblithographien. Die Blätter sind nach Art japanischer Bücher doppelschichtig („Blockbuch"). Angesichts dieses Büchleins, mag es sich auch der Hand und dem Auge einschmeicheln, hat Storms Einwand gegen das Illustrieren seiner Lyrik volle Berechtigung. Vom „Klang" der Stormschen Verse ist schlechterdings nichts eingefangen. Wie voll ausgemalte Bildtafeln stehen die ganzseitigen Erfindungen des Lithographen fremd zwischen den etwas mühsam mit der Hand geschriebenen Gedichten. Ebenfalls von Ernst Kutzer illustriert, erschien in derselben Form Storms Märchen „Die Regentrude", gegen dessen Bebilderung Storm nichts einzuwenden hätte. Die Bücherherstellung in Reihen, bei der ein Band den anderen, möglichst gleich ausgestattet, nach sich zieht, fordert ihren Tribut.

Daß bildliche Darstellungen, die sich an lyrische Gedichte anlehnen, allzu leicht schlimme Mißverständnisse offenbaren können, auch unabhängig von ihrem künstlerischen Niveau, hat Storm zur Genüge erfahren. *Marie Jensen,* die Frau des ihm befreundeten Landsmannes *Wilhelm Jensen,* schickte ihm ein kleines Bild zu dem Dreizeiler:

Dunkle Zypressen –
Die Welt ist gar zu lustig
Es wird doch alles vergessen!

Es „waren die Zypressen hübsch da", schrieb darauf Storm (an Wilh. Petersen, 9.4. 1885), „aber ... die eigentliche Illustration des Gedichts fehlte. Ich schrieb ihr, im Vordergrund hätten Harlekin und Colombine liebend und lustig auf einem Grabe sitzen müssen. Nun will sie es des Rahmens wegen wiederhaben; ob auch des Inhalts wegen?" Das Beispiel ist nicht ohne Ironie: Marie Jensen hatte das gewiß von ihr selbst gezeichnete Bild gerahmt geschickt, also in der Erwartung, Storm würde es an eine seiner Wände hängen. Der Rahmen aber kam zerbrochen an; und das Bild verleidete ihr der so Beschenkte mit seiner Kritik. Ob Storm ihr den zerbrochenen Rahmen zurückerstattet hat?

Als man sich gegen Ende des 19. Jahrhunderts auf neue Möglichkeiten der Buchkultur besann, wurde besonders auch auf ein kultiviertes Satz- und Schriftbild Wert gelegt. Es gibt neuere Ausgaben genug, die deutlich machen, in welcher Weise man empfindsamer Lyrik durch äußere Gestaltung der Typographie anschaulich gerecht werden kann, gewiß angemessener als etwa mit der bildlichen Darstellung einer Mondscheinlandschaft oder Ähnlichem.

Storms Vorschlag, von Gedichten inspirierte Zeichnungen als selbständige (Kunst-)Werke gesondert zu veröffentlichen, entspricht einer Tendenz, die nach der Jahrhundertwende im Buchwesen Bedeutung gewann: Dichter und bildende Künstler schufen eigenständige Werke, jedoch in konzeptioneller Verständigung miteinander, und das Buch, in dem sich Satzbilder von Dichtungen und graphische Blätter zusammenfanden, ergab eine Ganzheit im Geist wie in der äußeren Gestalt. Bibliophile Ansprüche riefen großartige Kunstwerke dieser Art hervor – wir brauchen keine Beispiele zu nennen. An dieser seither in die Breite gegangenen Produktion anspruchsvollen Niveaus haben Dichter aller Zeiten und Kulturen Anteil. Daß Storm bislang nicht berücksichtigt wurde, braucht nicht zu verwundern. Seine Dichtung, Verse wie Prosa, ist bürgerlich und traditionell, und seine erzählende Dichtung verlockt weiterhin eher zur eigentlichen Illustration im herkömmlichen Sinne, zur nacherzählenden Umsetzung ins Bildliche also.

Doch läßt sich hier eine Form von Komposition in Buchgestalt anschließen, die sich in den letzten Jahrzehnten rasch entwickelt hat: Zitate des Dichters, Verse wie Sätze aus der Prosa, Gedichten ähnlich, werden kombiniert mit bildlichen Schilderungen und Motiven aus Storms heimatlicher Landschaft. Dafür eignet sich in hervorragendem Maße die auf künstlerischer Höhe stehende farbige Photographie. Der 1919 erschienene Band „Storm-Bilderbuch. Ein Blatt aus sommerlichen Tagen. Auszüge aus Storms Werken, ausgewählt von *W. W. Quidam*" (Breslau) stellt noch geringe Ansprüche. 1925 folgte der Band „Aus Storms Heimat", der 22 Photos von *Ernst Payns* enthält (Bremen und Wilhelmshaven, Friesen-Verlag). Den Text darin bildet Storms „Halligfahrt“. Erst der 1984 erschienene Band „Storms Friesland“, herausgegeben von *Armin Kerker,* enthält einzelne Zitate aus seinem lyrischen und erzählenden Werk, was möglicherweise die glücklichere Form ist, Fingerspitzengefühl bei der Auswahl und Kombination vorausgesetzt. Man darf sich dabei darauf berufen, daß nach des Dichters eigenen Äußerungen seine Erzählungen aus seiner Lyrik erwachsen sind. Sind Bücher wie das zuletzt genannte mit glücklicher Hand gestaltet, so können sie respektable „Gesamtkunstwerke“ darstellen. Daß man mit dergleichen der Dichterpersönlichkeit insgesamt nicht gerecht wird, versteht sich von selbst, und überhaupt haben derartige Kombinationen ohnehin ihre eigene Problematik.

Kurz vor Weihnachten 1863 forderte der Berliner Photograph *Schauer,* der damals in hohem Ansehen stand, Storm auf, zu zwölf Photographien – es scheint sich um Wiedergaben klassischer Gemälde gehandelt zu haben – „je ein kleines Gedicht zu machen“. *Pietsch* hatte es vermittelt. Storm lehnte „sofort ohne Bedenken“ ab. Gedichte zu Gemälde-Photos, das erschien ihm suspekt. Aber er muß schon vor dem Gedanken zurückgeschreckt sein, das Bildlich-Anschaubare voraufgehen und die Dichtung folgen zu lassen. Jedenfalls war für ihn nur das Umgekehrte vollziehbar.

Joseph Sattler, zu „Chronik von Grieshuus, 1920

Emil Doepler der Jüngere, Einbandmotiv, 1899

Das erste Jahrzehnt des 20. Jahrhunderts war in der Storm-Illustration wenig ergiebig. In dieser Zeit einer neuen Buchkultur aber entstanden kultivierte Gedichte-Ausgaben, die dem Ruhm des Lyrikers zugute kamen. Noch war sein Werk für den Nachdruck nicht freigegeben, und die Verleger, die im Besitz der Rechte waren, folgten den Schrittmachern des modernen Buchwesens nur zögernd. Für die wenigen eindrucksvollen Verbildlichungen möge hier die Einbandzeichnung zu „Pole Poppenspäler" von *Emil Doepler dem Jüngeren* stehen, der, aus historisierender Überlieferung und offizieller Staatskunst kommend, sich den Tendenzen des Jugendstils erschloß. Sein Einbandmotiv steht in dieser Zeit ziemlich allein da.

Eine der gewichtigsten Illustrationsfolgen zu Novellen, die vor dem Ersten Weltkrieg entstanden, dürfte die von *Otto Soltau* sein. Da Soltau ein Landsmann Storms war, wird weiter unten von ihm die Rede sein.

Als nach dem Krieg jedermann das Nachdrucken offenstand, setzte gleich auch eine Storm-Renaissance ein, und in großer Zahl erschienen Auswahl- und Sammelbände wie besonders auch Serien von Einzelausgaben. Letztere entsprachen offenbar einem aus dem Geist der Nachkriegszeit verständlichen Bedürfnis, der Besinnung auf das Krongut der überlieferten deutschen Literatur. Papiersparende, z. T. recht brüchig gebundene Oktavbändchen, mit buntem Papier beklebt und mit sinnigen Serientiteln bedacht, erschienen in Mengen, vielfach auch mit Zeichnungen illustriert. Es entwickelte sich rasch eine bescheidene, aber bilderreiche Bibliophilie, und kaum ein deutscher Autor eignete sich für diese Art der Verbreitung so wie Storm.

Aus der Fülle greifen wir einige wenige Illustratoren heraus, die als für ihre Generation repräsentativ gelten können. Manche zehrten noch vom Erbe des Jugendstils, der schon in den 1890er Jahren revolutionierend gerade auch auf das Buchwesen eingewirkt hatte; andere profitierten von der noch lebendigen Überlieferung, die mit dem Illustrationsstil des Impressionismus, besonders etwa von *Max Slevogt* begründet worden war. Bei aller Buntheit des Gesamtbildes lassen sich doch vorherrschende Züge erkennen. Es setzte sich die als „Strichätzung" reproduzierbare Federzeichnung durch, ausgezeichnet durch Lockerheit des Strichs und durch reines Schwarz-Weiß, das mit der Typographie glücklich zusammengeht. Leichtigkeit bis zu scheinbarer Improvisation und Beschränkung auf andeutenden Strich herrschen vor. Das bedeutet: im Gegensatz etwa zur Prachtausgabe von 1887 sieht sich der Leser nicht festgeprägten, fertigen Bildern gegenüber, in deren Betrachtung er versinken kann; es wird ihm keine illusionäre Vorstellungswelt aufgenötigt. Sondern seine Phantasie erfährt nur Hinweise, Anstöße, Vorschläge.

Der Hesse *Otto Ubbelohde,* der seinen Illustrationsstil zu Beginn des Jahrhunderts an Grimms Märchen gebildet hatte, führte eine unverkennbare Zeichenfeder und wurde einer der beliebtesten deutschen Illustratoren. Sein strähniger, schwerflüssiger, auch spröder, aber ausdrucksvoller Strich umfährt Gestalten und Dinge, zieht sich häufig, wo es Landschaft zu kennzeichnen gilt, quer durchs ganze Bildfeld. Ihm war die Küste vertraut. Der *Schaffstein*-Verlag, Köln, ließ ihn den „Schimmelreiter" und „Bötjer Basch" illustrieren. Etwas Verhalten-Abwartendes liegt in seinen Zeichnungen; die Figuren, umsponnen von Strichbündeln, sind Stormsche Gestalten,

Otto Ubbelohde zu „Der Schimmelreiter", ca. 1920

meine ich. Den flatternden Mantel des Schimmelreiters wie die Baumkronen am Straßenrand verwandelt der Wind in Linienknäule voller Bewegung. Das Strichwerk durchgeistert das Bildfeld, schafft Dämmerung und Dunkel, flackerndes Licht und helle Weite.

Seine Generationsgenossen *Walter Tiemann* und *Georg Greve-Lindau* zeichneten anstatt mit der Feder mit dem weichen Stift und führten mit energischen, spontanen Strichen vergleichbare Situations-Schilderungen herauf. Die für Stormsche Szenen so bedeutsamen Licht- und Schattenerscheinungen werden ausgiebiger nuanciert. Dämmerung und Dunkel treten in ihr Recht und bringen Stimmung ein, heimelig-vertraute oder auch unheimlich-drohende. Gestalten und Umwelt, Dinge und Atmosphäre fließen ineinander zu konzentrierter Bildwirkung; nur hier und dort sondert sich die einzelne Linie zu präziser Kennzeichnung, zu einer Geste, einem Profil, einem Blick.

Gegenüber den „Situationsstücken" Storms gerieten die historischen Novellen in Nachteil. Das Historisieren hatte in der bildenden Kunst an Ansehen verloren. Von den älteren Graphikern, die „um 1900" zu den Erneuerern auch der Buchillustration gehörten, zählt *Josef Sattler.* Die von ihm illustrierte „Chronik von Grieshuus" erschien 1920 (Berlin, Grote). In seinem Zeichenstil steckt noch ein ferner Nachklang der Dürerzeit; doch läßt schon sein Rückzug auf Vignetten und gezeichnete Initialen erkennen, daß er breite historische Szenen scheute. Der ausschreitende Todesgenius verdeutlicht seinen noch an alten Vorbildern geschulten Stil authentisch.

Mit Proben dieser Art ist zumindest die Vielfalt

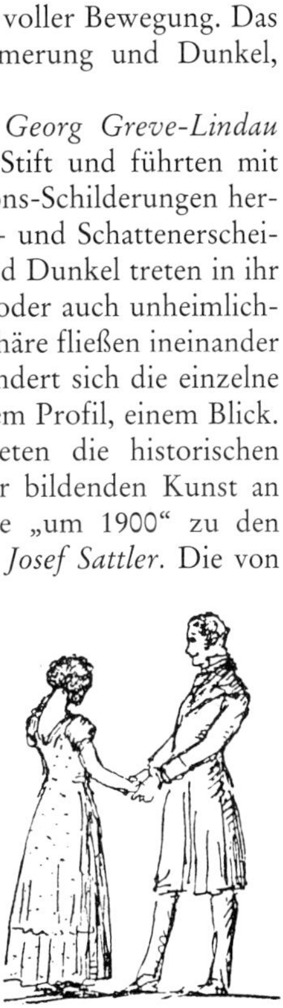

Hans Meid, zu „Immensee" (Berlin o. J.)

Hans Meid, zu „Immensee“

der Stilvarianten angedeutet, die sich bis heute in den Illustrationen zu Storms Werken geltend macht.

Ein Meister der Zeichnung ist auch *Hans Meid* (1883–1957), dessen „Immensee“-Illustrationen vielleicht am deutlichsten belegen, mit welcher Behutsamkeit, aber auch mit welcher Frische der Leser sich vom Zeichner begleitet fühlen kann. Wenige Striche genügen, eine Situation anschaulich zu machen (man bedenke, daß Storm gerade seine frühen Erzählungen auch „Situationen“ nannte). Bei aller Präzision der scheinbar spielenden Feder bleibt für die Phantasie des Lesers doch viel Spielraum offen. Ein paar Strichlagen beschatten eine Szene – und schon wandelt sich, was man Stimmung nennt: das Schicksal spricht eine ernstere Sprache. Oder: zwei Gestalten, fast nur ihre Umrisse, stehen einander gegenüber – und schon ist die Spannung zwischen ihnen spürbar. Es wird nicht beflissen verdeutlicht, vielmehr sieht sich der Leser immer wieder auf den Text verwiesen, zur Dichtung zurückgeführt, ihr anheimgegeben.

Hans Meid, ein Meister des zeichnerischen Kürzels, leitete die Graphik-Klasse an der Hochschule der bildenden Künste in Berlin. Einer seiner bedeutendsten Schüler ist *Wilhelm M. Busch,* den man, obwohl er aus Schlesien kam, nahezu einen Landsmann Storms nennen kann. Er führte die Tradition nach dem Zweiten Weltkrieg in zweiter Generation fort. Er hat „Pole Poppenspäler“ illustriert. Seine Feder hat Witz und Charme in hohem Maß. Fast immer sind es Gestalten, Personen in Aktion, in festen Umriß gebracht, doch mit ihrer Umgebung in ein Liniennetz von großem Reiz verwoben, das am Seitenrand an unsichtbaren Haken aufgehängt zu sein scheint und zur Mitte hin sich verdichtet. Knapp, aber sehr lebendig ist die Charakteristik der Figuren. Auch Busch beschwört mit seiner Feder „Situationen“ im Sinne Storms herauf, hält den Leser für eine Weile fest, entläßt ihn aber sogleich wieder; denn er charakterisiert den Augenblick, die Zuspitzung des Geschehens. Sein Standort als Zuschauer liegt vielfach hoch; von oben oder von einem nicht fixierbaren Ort aus nimmt er Einblick, überrascht die Agierenden und so auch den Leser. Das sind Kunstgriffe, die einem trockenen Geist wie *Ludwig Pietsch,* der allem Geschehen vom Parterre aus zuschaut, abgehen, wie denn auch ein wohlbemessener Wechsel von nah und fern, groß und klein belebend wirkt, zumal wenn er sich dem entsprechenden Wechsel in der Erzählung anpaßt. Sind solche Rücksichten jeglicher Illustrationskunst zu wünschen, so bleibt doch jeweils zu fragen, ob und wieweit gerade Storms Erzählton im Werk der Zeichenfeder nachklingt. Das zu erkennen und zu definieren ist freilich nicht immer leicht.

Möglicherweise kann es als Bewährungsprobe einer erzählenden Dichtung gelten, wieweit die Skala der Illustrationsformen reicht, die sich nach dem persönlichen Stil des Künstlers, aber auch nach der Verträglichkeit eines

Wilhelm M. Busch, zu „Pole Poppenspäler", 1947

Zeitstils mit dem Werk der Dichtung vereinbaren lassen. Eine Entwicklung im Sinne einer kontinuierlichen Stilgeschichte etwa seit 1900 in der Menge der Storm-Illustrationen nachzuzeichnen, ist unmöglich. Allenfalls kann man anhand einiger gelungener Beispiele Möglichkeiten von mehr oder weniger grundsätzlicher Bedeutung aufweisen. Freilich sind Tendenzen der modernen Kunst nicht spurlos an Storms Werken vorübergegangen. Auch Künstler

Rolf Hoerschelmann, zum Märchen „Bulemanns Haus", 1925 (2. Aufl.)

des Expressionismus haben sich an der Aufgabe versucht, auch etwa ein unbestimmter Naivismus. Verständlicherweise setzten expressive Ausdrucksmittel dort ein, wo dramatisches Geschehen vorherrscht, beim „Schimmelreiter" etwa, oder wo das Märchen beginnt und Irreales, Phantastisches ins Spiel kommt, wie in „Bulemanns Haus" und in den anderen Märchen.

Aufs ganze gesehen jedoch zwingt Storms Dichtung zu einem Eingehen auf das, was man seinen Realismus genannt hat, mag der Begriff bei der Anwendung auf sein Werk auch relativiert werden. Der Realismus der Illustration aber wird nicht auf die zeitgenössische Kunst aus Storms Lebenszeit zurückgreifen; er kann von stets sich erneuernder, moderner Art sein. Das zeigen eindrucksvoll zum Beispiel die Zeichnungen von *Rolf von Hoerschelmann.*

Diese originelle Künstlernatur war eine der letzten aus der Bohème Schwabings vom Jahrhundertbeginn. Der Herkunft nach Balte, von koboldhafter Figur, blieb er der „kleine Hoerschel", und mit Vorliebe zeichnete er kleine Figuren, die seiner eigenen Erscheinung entsprachen, und schnitt sie auch mit der Schere aus. Literarische Bildung hatte ihn früh mit Stormscher Dichtung vertraut gemacht. In Schwabing begegnete er *Franziska Gräfin zu Reventlow,* der Tochter des mit Storm befreundeten Husumer Landrats. Bei Storm fand er „das eigentlich Wesentliche am Kunstwerk, das auf rätselhafte Weise Zwingende, Anziehende – das Dämonische". Seine kaustische wie auch kauzige Natur verband ihn mit dem österreichischen Graphiker *Alfred Kubin* (1877–1959), der ihn stark beeinflußte. Seiner Neigung zur Romantik folgend, führte er eine krackelige, krausbewegte Feder, liebte skurrile Gestalten, verwunschene Szenerien; doch sind seine Illustrationen von zarter Empfindung erfüllt. Das sind glückliche Gaben für einen Storm-Illustrator. 1924 erschienen „Ausgewählte Erzählungen" (München, Allgemeine Verlagsanstalt) mit nicht weniger als 120 Illustrationen von Hoerschelmann, großenteils eingestreut in den Text. Sie spielen hin und her zwischen Randglossen und ganzseitigen Szenen; doch überwiegen kleine einzelne Motive, Anstöße auch sie für die Phantasie des Lesers. Auch stellt er gern Gestalten einander gegenüber: Kasperl und Famulus Wagner, Mephisto und die Kröte, den Bub und das Lisei, den Mechanikus und den lädierten Kasperl – Konfrontationen von delikater Art, innig, rätselhaft, spannend. Der Puppenspieler steht als Rückenfigur, schwer bedrückt, dem vergitterten Fenster gegenüber – eine Zeichnung von nur wenigen Quadratzentimetern Umfang; die fatale Lebenslage ist eindringlich gegenwärtig.

In ausgesprochenem Gegensatz zu Hoerschelmanns zum Schnurrigen neigenden Illustrationen stehen die von *Gerhard Ulrich,* wieder zu „Immensee", der, neben dem „Schimmelreiter", am häufigsten illustrierten Novelle. Eine Probe mag genügen: Wieder begegnet zu Beginn „der Alte", aber nicht, wie in den meisten Bilderfolgen, sinnend in seiner Stube sitzend, sondern noch an der Treppe. „Er stieg sie langsam hinauf, schloß oben eine Tür auf . . .", heißt es bei Storm. Dieser scheinbar nebensächliche Satz gerinnt in der Vorstellung zu einem eindrucksvollen Bild: die leicht gebeugte Rückenfigur, in sich versunken, von der Dämmerung des Treppenhauses umhüllt, nach dem Spaziergang die Ruhe suchend, die ihn zu sich selbst führen wird. Das Aufschließen der Tür gerät zur Öffnung des Reichs der Erinnerung, zur Einkehr bei sich selbst, zu seinem Eigensten. Die Treppe spielt mit: man kann denken, der offenbar Einsame hat sich verstiegen, ist ausgestiegen aus der Gegenwart und schon im Begriff, in eine andere Wirklichkeit, eine vergangene, zu schauen.

Dies scheint mir ein sehr gelungenes Beispiel dafür zu sein, wie ein Illustrator, ohne zu demonstrieren, durch einfache, aber „poetische" Verge-

Walter Tiemann, zu „Ein stiller Musikant“, 1922

Gerhard Ulrich, zu „Immensee“, Berchtesgaden, o. J.

genwärtigung einer Augenblickssituation die Dichtung interpretieren, gewissermaßen imittierend auch weiterdichten kann, ohne von ihr fortzuführen. Zugleich läßt sich das Motiv des Aufschließens, das am Anfang der Illustrationenreihe steht, auf die Novelle selbst beziehen; die Zeichnung eröffnet, erschließt sie in schöner bildlicher Form.

Einbände und Schutzumschläge

Während der letzten Jahrzehnte hat sich der Brauch eingebürgert, gebundene Bücher mit einem bebilderten Schutzumschlag und broschierte mit einem entsprechenden Deckelbild zu versehen, beide möglichst farbig. Damit stellt sich das oben schon behandelte Thema des Titelbildes, das früher in Goldprägung Eindruck machen sollte, neu in veränderter Form. Von vornherein galt als Regel: die ganze Fläche wird genutzt, dekorative Wirkung steht im Vordergrund, der Umschlag soll werbende Wirkung haben. Die Gestaltung nähert sich den Formen des Plakats. Dem kann man, wie die Geschichte dieses Motivs ausweist, auch bei hohem künstlerischen Anspruch gerecht werden. Man hat von einer – natürlich auch verkaufswirksamen – Ouvertüre für das Buch gesprochen.

Um noch einmal zurückzugreifen: die 1857 erschienene Ausgabe des „Hinzelmeier“ (Berlin, Duncker) weist eine für das 19. Jahrhundert bezeichnende Dekoration des Einbands auf: ein Mädchen, von Rosenranken umschlungen. 1886 willigte Storm in eine silberne Rose als Deckelzeichnung für ein Buch ein, das mit „Eekenhof“ begann. Für „Angelika“ hatte er gar selbst eine „Deckelverzierung“ entworfen, und zwar während er in Potsdam einer Schwurgerichtssitzung beiwohnte (16. 6. 1855). Wie mag dieser Versuch ausgesehen haben?

Die 1882 erschienene Ausgabe von „Der Herr Etatsrat“ ist bereits frei von dem sonst üblichen historisierenden Dekor und faßt den Titel in ein äußerst bewegtes Kurvenspiel. In ähnlicher Form konnte sich noch 1904 der Band „Ein Fest auf Haderslevhuus“ (Berlin, Paetel) darbieten, ohne unmodern zu wirken. Doch erst der Jugendstil und die in den letzten Jahrzehnten vor 1900 entwickelte Plakatkunst führten eine freiere Gestaltung des Buchgesichts herauf. Davon profitierten vornehmlich die moderne Literatur und die bibliophilen Pressendrucke. In die erlesene Autorenschaft der letzteren rückte Storm indessen vorerst nicht auf. Eigentliche Jugendstil-Titel Stormscher Ausgaben sind mir nicht bekannt.

Erst nach dem Ersten Weltkrieg begegnen Umschlagmotive auf Stormschen Werken, die man in diesem Sinne modern, gar expressionistisch nennen kann. So mußte „Pole Poppenspäler“ für einen von *Melita Tischer* gezeichneten Umschlag herhalten. Freilich waren sonst expressive Gestaltungsmittel mit Stormscher Novellistik schwer vereinbar, am ehesten noch, wie schon bemerkt wurde, waren es die Märchen.

Erst in den 1920er Jahren ging diese Art plakativer Verbildlichung in die Breite; in unverminderter Ausgiebigkeit lebt sie bis heute fort. Vom Signet, wie Möwe, Wasserrose und dergleichen, geht sie zu ausmalender Bildhaftigkeit über, so etwa in der Gruppe von vier Sammelbänden, die im Droemer-

Friedrich Winkler-Tannenberg, Einband- und Titelmotiv, 1923

Charl. Chr. Engelhorn, zu „Draussen im Heidedorf", 1918

Verlag erschienen. Jeden Band umkleidet ein Prospekt von *Max Heigel,* in dem sich Stormsche Motive vereinigen und verdichten. Vorder- und Rückseite ergeben zusammen e i n Bild: „Am grauen Meer“ (ein Hafenmotiv mit Häusern und Straßen im Vordergrund), „Ein Blatt aus sommerlichen Tagen“ (das „Immensee“-Motiv, ein See mit Paar im Boot), „Über der Tiefe“ (der

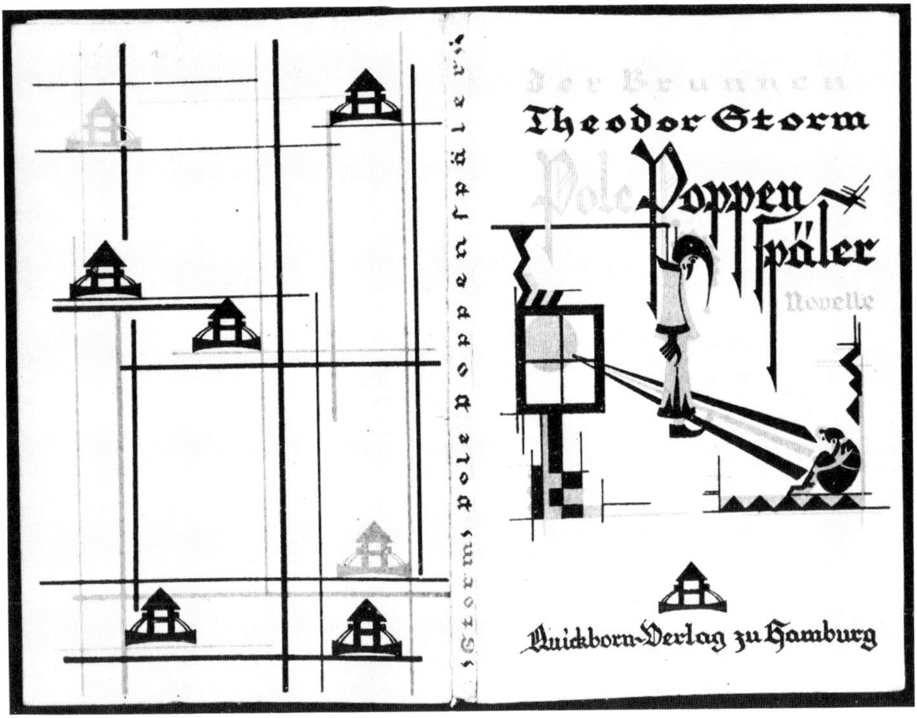

Melita Tischer, Umschlagmotiv, 1925

„Schimmelreiter“, am sturmbewegten Meer entlang reitend), „Späte Rosen“ (Park mit Pavillon, im Hintergrund schiffbefahrenes Gewässer). Zusammengefaltet, d. h. um das Buch gelegt, ergibt jede Hälfte für sich ein geschlossenes Bild.

An die Stelle des auf allen Bänden der Werkausgaben wiederkehrenden Signets tritt in Bücherfolgen dieser Art ein Zyklus ähnlicher, zumindest aufeinander abgestimmter Motive, die in Farbe und Stil wie im Duktus der Schrift ihre Zusammengehörigkeit demonstrieren. *Frieda Wiegand* zum Beispiel zeichnete in diesem Sinne die Umschläge für eine Trilogie von Auswahlbänden: „Garten meiner Jugend“, „Der Weg wie weit“, „Bittersüßer Lebenstrank“, alle drei mit dem Untertitel „Ein Lebensbild“. Offenbar ist es die Meinung, daß in drei Pflanzenmotiven, die weiß auf dunkelblau-grünem

R. Schubert, Einbandmotiv, 1857

Max Heigel, ca. 1960

Max Heigel, ca. 1960

Max Heigel, ca. 1960

Max Heigel, ca. 1960

Grund stehen, der Geist Stormscher Dichtung zumindest anklingt, sagen wir: seine „Garteneinsamkeit", die er als Quelle seiner Dichtung bezeichnete. Nur wenige der zahlreichen Serien, an denen Storm beteiligt wurde, vertrauten sich e i n e m Ausstattungskünstler an, so die „Jedermanns-Bücherei", für welche *Emil Preetorius* die Einbandmotive entwarf, so auch für ein Bändchen mit Stormschen Gedichten.

Ungezählte Storm-Bände sind in vergleichbarer Form umkleidet, und selbst die einst so denkbar nüchternen Reclam-Hefte tragen neuerdings ein kleines, den Inhalt kennzeichnendes Bildmotiv zu Schau. Der Verlag folgt damit dem Beispiel der vielen kleinen Serien, die sich nach dem Ersten Weltkrieg ins Massenhafte vermehrten.

Bei Taschenbüchern, die, zu mehreren in einem Schuber steckend, so etwas wie „Ausgewählte Werke" darstellen, sollen die Umschlagmotive gewöhnlich so etwas wie Stormsche Atmosphäre vergegenwärtigen, nicht aber eine bestimmte Szene oder Gestalt. Das gelingt in manchen Fällen, kann aber gelegentlich auch in die Irre führen, so wenn man Landschaften von *Caspar David Friedrich* dafür ausschlachtet, als wäre Storm ein Dichter der Hochromantik. Da tun sich fatale Mißverständnisse auf. Das Zeitlose großer Dichtung verträgt, ja erfordert immer wieder neue Interpretation und wird dadurch lebendig erhalten. Den Geist älterer Epochen im Bild zu beschwören, bleibt problematisch – davon war schon die Rede, als es sich um die Kombination Stormscher Dichtung mit zeitlich voraufgegangenen Illustrationen von *Ludwig Richter* handelte. Darf man post festum Geister, die von der Mode streng geteilt sind, so freizügig über Epochengrenzen hinweg vereinen?

Hans Meid, zu „Immensee"

Silhouetten

In der sich bescheidenden Kleinstadtgesellschaft des Biedermeier, wie sie im Husum der ersten Jahrhunderthälfte heimisch war, hatten Schattenbilder als die wohlfeilste Form des Porträts ihren ehrenvollen Platz. Um 1800 war „die Elite der besten Gesellschaftsmänner" im „Rinckschen Klub" vereinigt, und im Klublokal hingen „Schattenrisse aller Mitglieder seit seiner Stiftung an der Wand", wie *G.F. Schumacher* berichtet. In den „Zerstreuten Kapiteln"

Carsten Curator. – Er war aufgestanden und vor sein bescheidenes Familienbild getreten. Als er es ansah, schien ihm das gemalte Abendrot zu flammen, und die Schattengestalten begannen einen Körper anzunehmen.

Otto Soltau, zu „Carsten Curator“ (1913)

erzählt Storm von einem „guten Meisterlein", das „zum Beweise seiner Dankbarkeit" das Schattenbild von der Tochter seines Gastgebers habe anfertigen wollen. Die Silhouetten des Ehepaares *Feddersen,* die das Storm-Haus bewahrt, lassen auf *Boy Jensen Greve* (geb. 1756) aus dem nordfriesischen Ockholm als Urheber schließen, einen Wanderkünstler, der sich rings im Lande als Schatten-Porträtist anbot. Ebenso machte es *Franz Liborius Schmitz* (geb. ca. 1762), ein Rheinländer, der in Kopenhagen ansässig geworden war und von dort aus ganz Dänemark mit seiner Kunst versorgte. Seine Spezialität waren Gruppen- und Familienbilder. In der Novelle „Carsten Curator" beschreibt Storm ein Familienbild, das von seiner Hand stammen dürfte. Mit dieser Art Kunst war Storm von Kind auf vertraut.

So erschloß sich ihm sogleich die Kunst des in Berlin lebenden Silhouetteurs *Paul Konewka* (1840–1871), eines *Menzel*-Schülers und *Pietsch*-Freundes. Dieser machte dem Dichter mehrere Silhouetten zum Geschenk, darunter eine zum Gedicht von der Nachtigall. Storm war hell entzückt von dem „unvergleichlichen Kunstwerk" und nannte es „magnifik". Die Parallele zwischen Tier und Mensch sei vom reizendsten Humor (23. 9. 1861). „Es ist ja fast unglaublich, wie bei dem Mädchen die zarteste Seelenregung durch die bloße Kontur zu Tage tritt." „Das bißchen Nacken und das bißchen Hand! Es ist ein außerordentlicher Sinn für das Wesentliche darin". Die Vorliebe für Schattenbilder fand auch später noch Nahrung: Konewka schenkte weitere Blätter; Storm wünschte sich ihn als Illustrator. Dazu kam es indessen nicht.

Storms Vorliebe mag die Schattenkünstler rechtfertigen, die ganze Folgen von Silhouetten zu seinen Dichtungen lieferten; denn vielleicht bedarf ein solches Unternehmen der Rechtfertigung. Alles Mimische, alles Atmosphärische, alle Stimmung bleibt dem Schattenbild in der Regel unerreichbar. Eine ausgesprochene Scheren-Begabung war einem Landsmann von Storm eigen: *Berthold Reichel,* der Lehrer in Kappeln war. Seine Umwelt hat das besondere Talent wohl kaum erkannt. Reichel illustrierte einen Novellen-Band, der „Immensee", „Pole Poppenspäler", „Im Brauerhause", „Bötjer Basch" und den „Schimmelreiter" enthält (Altona, Meier und Elsner). Die zuletzt genannte Novelle ließ den Silhouetteur kaum zum Zuge kommen; die übrigen erwiesen sich als für diese besondere Kunst zugänglicher. Freilich beschränkte sich Reichel vielfach auf vignettenartige Pflanzenmotive, doch gelang ihm auch Figürliches mit besonderer Anmut, etwa das Paar im Boot („Immensee"). Die Halme neigen sich einander zu und symbolisieren die Zuneigung der beiden jungen Menschen zueinander. Unter den übrigen Silhouetten-Illustratoren, deren nicht wenige sind, wähle ich *Erica Ballin-Woltereck* aus, die 16 Blätter zu „Unter dem Tannenbaum" ausgeschnitten hat (Stuttgart, Phaidon). Der persönliche Duktus der Schere wird erkennbar; er neigt zu Überlängen und zu leicht manirierter Kurvigkeit. Ein zarter Anklang an modische Vorliebe für Zickzackformen der 1920er Jahre macht sich bemerkbar. In die bewegte Szene, wie die Familie den Tannenbaum schmückt, scheint ein Körnchen Ironie einzugehen.

Nicht weniger als 30 Scherenschnitte fertigte *Alfred Thon* zu „Pole Poppenspäler" (Breslau, Hirt) und erwies, daß die Schere aus dem Papier groteske Wirkungen hervorzuholen versteht, die denen des Puppenspiels verwandt sind, nähert sich doch das ausgeschnittene Bild dem dinghaften Wesen der Spielpuppe.

Erica Ballin-Woltereck, Phaidon Verlag, o. J.

Berthold Reichel, zu „Immensee", 1928

Landsleute

Der Leitgedanke der Bücherreihe, welcher der vorliegende Band angehört, legt die Frage nahe: sind auch Landsleute von Storm an den Illustrationen seiner Werke beteiligt? Damit sei beileibe kein einengender Gedanke an Heimatkunst oder dergleichen berührt. Vielleicht aber bedeutet es doch etwas, wenn ein Künstler aus Vertrautheit mit dem Land und seiner Atmosphäre Illustrationen zeichnet zu einem dichterischen Werk, das so sehr an die Örtlichkeiten der Herkunft gebunden ist.

Der zeitlich erste Illustrator, der Hamburger *Wilhelm Heuer,* war mit dem Land nördlich der Elbe wohlvertraut, doch blieben seine Illustrationen in einer recht allgemein geltenden Konvention befangen. Der Hamburger *Otto Speckter* mag schon eher als Landsmann gelten; er hatte Umgang mit

Alfred Thon, zu „Pole Poppenspäler", 1925

Wilhelm Heuer, 1846

Dichtern des Landes. Für seinen Sohn *Hans* gilt das Gleiche. Von den Hamburgern der neueren Jahrzehnte, die Zeichnungen zu Storms Dichtungen lieferten, zählt – wir nennen ihn noch einmal – *Wilhelm M. Busch.*

Erst lange nach Storms Tod legten Landsleute im engeren Sinn Hand an Illustrationsfolgen. In erster Linie ist der schon einmal genannte *Otto Soltau* (1885–1915) aus Arnis/Schlei zu nennen, ein vielversprechendes Talent. Nach Jahren der Ausbildung in Hannover und auf Reisen ließ er sich, wohl schon vor 1910, in München nieder, siedelte aber noch 1912 nach Berlin über. Unmittelbar vor Kriegsausbruch muß er als letzte Arbeit die 18 Federzeichnungen zu einer Auswahl Stormscher Novellen gefertigt haben. Er fiel 1915 im Krieg. 1918 erschien dann das Buch bei Westermann. Soltau entwickelte einen Zeichenstil, der der Stormschen Prosa in bemerkenswerter Weise gerecht wird, wenngleich manches auch noch ein wenig ungelenk wirken mag. Mit spitzer Feder spannt er ein dichtes Gewebe zarter Striche über die Fläche und bringt damit eine Tonigkeit hervor, wie sie den Stimmungen der Erzählung entspricht: flimmernden Sonnenschein hier (Immensee; die Kinder auf der Wiese), düster, ja drohend abweisende Flächen dort (Abkehr von Immensee), wisperndes Dunkel (in der nächtlichen Stube des Alten), unheilverkündende Schatten im Dickicht der Weiden um den Teich (Aquis submersus). Es sind voll durchgezeichnete Tableaus, doch bleibt der buchgerechte Illustrationscharakter gewahrt.

Auch *Max Kahlke* (1892–1928), ein Glückstädter von Geburt, ausgebildet in Stuttgart und Weimar, war Soldat im Ersten Weltkrieg. Seine Rückkehr ermöglichte ihm zehn Jahre fruchtbaren Schaffens als Expressionist in seiner Heimat. Eine eigentliche Illustrationsfolge scheint nicht zustande gekommen zu sein; ich kenne nur zwei stark expressive Zeichnungen zu „Bulemanns Haus“ und zwei Fassungen des „Schimmelreiter“-Motivs, eine Zeichnung und einen danach geschaffenen Holzschnitt. Das im Sinne des Märchens gesteigerte Grotesk-Unheimliche spricht aus einem bizarren Linienwerk, das sich auch nach Art eines Holzschnitts zu geschlossenen schwarzen Flächen verdichtet. Vielleicht war Ausführung im Holzschnitt auch geplant, wie sie beim „Schimmelreiter“ wirklich erfolgt ist.

Neben so gesteigerter Ausdruckskunst nehmen sich die Scherenschnitte des *Berthold Reichel* in Kappeln zart und intim aus. Allgemeiner bekannt wurde die ähnlich stille Zeichenkunst *Willi Harwerths,* der aus Eckernförde stammt. Seine Feder hielt sich meist an anspruchslosen, aber sehr kultivierten Dekor, Blumenmotive zumeist. Ihm war es um Buchschmuck mehr zu tun als um erzählende Szenen. *Melita Tischer,* die in anderem Zusammenhang schon genannt wurde, wohnte in Kiel. Zu den gegenwärtig noch im Lande wirkenden Storm-Illustratoren gehören *Jochen Seitz,* der den „Häwelmann“ bebilderte (er wirkt als Lehrer in Nordfriesland) und *Anne-Marie Schwarz-Torinus* (sie illustrierte einen 1984 erschienenen Band „Fünf Novellen“, Hohenwestedt, Broschat).

Der grauen Stadt nahe, in Schobüll, hat *Ingwer Paulsen* (1883–1943) viele Jahre ein Künstlerleben geführt. Er war vornehmlich Landschafter, als Maler und Radierer. Buchillustrationen wird er nur ausnahmsweise gezeichnet haben. Auch wenn er den „Schimmelreiter“ illustrierte, blieb er doch Landschafter; mit lockerem Stift zeichnete er ein Außenbild, darin, ohne Dramatik oder gar Dämonie, einen Reiter auf einem Schimmel.

Aquis submersus. – Unter den Weiden fand ich nur das dunkle Wasser und Spuren feuchten Schlammes daneben auf dem Grase …
Noch einmal wandte ich mich um und schaute nach dem Dorf zurück, das nur noch wie Schatten aus dem Abenddunkel ragte. Dort lag mein totes Kind – Katharina – alles, alles!

Otto Soltau (1913)

Carsten Curator. — In der Mitte des Zimmers ... stand der offene Sarg; daneben auf einem niedrigen Schemel, mit angezogenen Knien, saß halb angekleidet ein schönes Mädchen. ..

14*

Otto Soltau (1913)

Max Kahlke, Schimmelreiter, 1919

Max Kahlke, zu „Bulemanns Haus", 1920

Max Kahlke, zu „Bulemanns Haus", 1919

Als Storm-Illustrator am bekanntesten unter den Landsleuten Storms wurde der aus Flensburg stammende *Alex Eckener* (1870–1944). Seine bedeutendste Leistung liegt auf dem Gebiet der Graphik, insbesondere der Radierung. Als origineller Zeichner hatte sich Eckener in einer Folge von Illustrationen zu seiner eigenen Erzählung „Dat swarte Perd" von 1897 erprobt. Während der langjährigen Tätigkeit an der Stuttgarter Akademie wahrte er ständig die Verbindung zur Heimat und besonders zur nordfriesischen Küstenlandschaft, wo sich in dem Gasthof in Bongsiel ein idealer Stützpunkt fand. Hier, unmittelbar hinter dem Deich, war die Szene des „Schimmelreiters" mit aller Eindringlichkeit gegenwärtig. In vielen gemalten und gezeichneten Landschaften mit und ohne Staffage bereitete er den Kreis der Motive vor, der dann in der Spätzeit seines Lebens in Gestalt eines 60 Blatt umfassenden Radierungszyklus zu Storms Novelle Gestalt gewann. Schon des Tiefdrucks wegen, der nicht mit dem Text zusammen im selben Arbeitsgang gedruckt werden kann, behauptet sich die stattliche Folge als ein selbständiges Werk neben der Dichtung, dies auch deshalb, weil die Folge für eine vollständige Wiedergabe im Buch zu umfangreich ist. Das 1938 erschienene Buch (Berlin, Grauwert und Zink) enthält daher nur eine Auswahl von 45 der Platten.

Man spürt den Radierungen sogleich das Authentische an: die Landschaft ist aus innigster Vertrautheit mit Stimmungen und Wetterlagen, mit Flut und

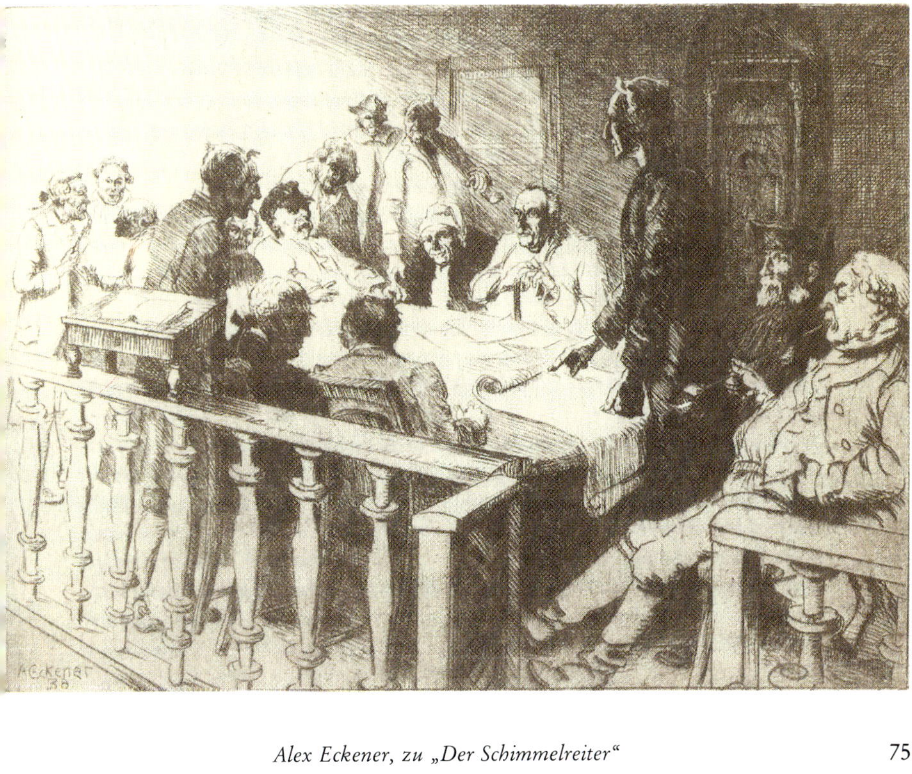

Alex Eckener, zu „Der Schimmelreiter"

Oben und unten: Alex Eckener, zu „Der Schimmelreiter"

Ebbe, Wind, Sturm und Sturmflut, mit Wolkendramatik und Bodennässe heraufbeschworen als Szene für Storms mythisch-episch-dramatische Novelle vom „Schimmelreiter". Authentisch geschildert sind auch die Höfe auf den Warften, die von windgebeugten und -geschorenen Bäumen umstandenen Häuser, die Stuben in ihrer gerade hier üblichen alten Form, mit holzverkleideten und fliesenbelegten Wänden, mit Wandbetten und Beilegerofen, authentisch nicht minder die Gestalten der Bauern, der Deicharbeiter, der Frauen in Tracht, authentisch die Kutschwagen, das Boßelspiel in der Marsch, die Tischrunde der Koog-Honoratioren, die gewichtigen Figuren der Autoritäten in ihrer Selbstherrlichkeit. In mehreren Radierungen ist die Figur des Schimmelreiters verselbständigt, doch bleibt sie in das Szenarium einbezogen und erfährt keine heroische Überhöhung. Die ganze Folge, vermehrt um zahlreiche Vorarbeiten und benachbarte Motive, liest sich wie eine breit angelegte Milieuschilderung, eine die Menschen einbeziehende Inventur der Landschaft, die in dramatischen Situationen, bedingt durch das unberechenbare Element ebenso wie durch die Eigenart der Menschen, dann und wann zu elementaren Ausbrüchen neigt.

In Alex Eckeners Radierungen gipfelt zugleich die bildliche „Nachdichtung" von Storms Novelle im Medium der Illustration, genau genommen geht sie sogar darüber hinaus, nimmt doch das einzelne Blatt keinerlei Rücksicht auf Buchgestalt und Typographie. Am Ende ist die Folge gar nicht dazu bestimmt gewesen, einem Buch einverleibt zu werden?

Örtlichkeiten

Wie Storm selbst bekennt, konnten „Örtlichkeiten" stark auf ihn wirken, auch schon und erst recht in der Kindheit: die Heide, die Marsch, das Meer, die Stadt, das elterliche und das großelterliche Haus, der Garten der Großmutter, das Schloß mit dem „Rittersaal", die Straßen, die Häuser ringsum. Immer wieder – das weiß jeder Storm-Leser – dringt in die Erzählungen die Atmosphäre Husums, das Nachbarschaftswesen erfreulicher und weniger erfreulicher Art, die kleinstädtische Ordnung mit dem Wochenmarkt, den Handwerker-Werkstätten, den Kaufläden usw. Über das holperige Pflaster sieht man die jedermann vertrauten Leute, darunter die Stadtoriginale – je nachdem – eilen, stolzieren oder schleichen. Es entspinnt sich ein dem Ort eigenes Weben von Beziehungen unterschiedlichster Art, allemal vor dem Hintergrund der überall noch durchscheinenden biedermeierlichen Bürgerkultur, wenn nicht einer noch älteren Lebensform, ein konservatives kleinstädtisches Milieu. Was können davon die Illustrationen einfangen?

Es wäre recht engstirnig, vom Illustrator Orts- oder Regionalkenntnis zu erwarten. Freilich wird in den mir bekannten Bänden gelegentlich Bekanntschaft mit den Örtlichkeiten und das Bemühen, dieser Eigenart Stormscher Dichtung gerecht zu werden, erkennbar. Im allgemeinen aber gilt: was etwa das Stadtbild und den Haustypus angeht, so konnten sich viele Storm-Illustratoren keine rechte Vorstellung von dem Schauplatz machen, der Storm vor Augen stand. Ist das ein Manko? Sicherlich nicht. Wenn mittel- oder süddeutsche Straßenbilder ins Bild geraten, so mag man daraus erkennen, wie gut sich Stormsche Szenen auch in andere Regionen transponieren lassen, wie wenig sie im engeren Sinn Heimatdichtung sind, wie wenig es einer ganz eng bestimmten Kulisse bedarf, um den dichterischen Gehalt zu begreifen.

Immer wieder führt Storm auch in das Innere der Häuser. Er versäumt nicht, die Lage der Räume zueinander zu bezeichnen, ihre Ausstattung zu beschreiben und ihre Atmosphäre einzufangen. Schatten fallen ein, wie auch Lichter ihren Schein hineinwerfen, die Dämmerung beginnt, Fenstervorhänge – so meint man zu sehen – filtern das Tageslicht. Häufig werden dunkle Ecken, Winkel, Abseiten genannt, aus denen Überraschungen hervortauchen, und häufig auch sieht man die Gestalten in den von Licht und Schatten durchwobenen Räumen sich bewegen oder verharren wie im Gegenlicht, silhouettenartig, doch mit unbestimmten Umrissen. Oder sie erscheinen verdeckt, werden bemerkbar erst durch Stimme oder Berührung. Hinweise dieser Art, die dem Zeichenstift dankbare Themen liefern, haben viele Illustratoren ins Bild umgesetzt, zumal etwa bei dem „Immensee"-Motiv des in die Vergangenheit zurückkehrenden Alten, der im Dämmern sitzt. Damit bestätigt sich gewissermaßen: in Storms Augen sind Tonwerte zwischen hell und dunkel bedeutsamer als Farbwerte. Das muß der Schwarz-Weiß-Illustration ganz allgemein zugute kommen. Man könnte lange Reihen von Illustrationen ausbreiten, die das bestätigen. Dabei können eklatante Unterschiede im Verständnis des Dichters zutage treten, auch zeit- oder generationsbedingte. Das deutlicher zu machen, bedürfte der vorliegende Band allerdings einer beträchtlichen Erweiterung.

Storm äußerte Zweifel, daß ein bloßes Bild ihn zu einem Gedicht „begeistern" könnte. Von einem erzählenden Werk aber, von „Bulemanns Haus", bezeugt er selbst, daß ihn die Anschauung eines der „Schiefertafelbilder zu deutschen Kinderliedern", einer damals vielleicht „vor 25 Jahren"erschienenen Veröffentlichung, zur Erfindung der Fabel angeregt habe. Aber gewiß kannte er vergleichbare, unheimlich dastehende Häuser auch aus Husumer Kindheitseindrücken – wie hätte er sonst gerade dieses Märchen, wie er bezeugt, „aus dem vollen" schreiben können? „Seit Menschengedenken ist niemand in dieses Haus hinein- und niemand herausgegangen; der schwere Messingklopfer an der Haustür ist fast schwarz von Grünspan, zwischen den Ritzen der Treppensteine wächst jahraus, jahrein das Gras. Wenn ein Fremder fragt: ‚Was ist das für ein Haus?', so erhält er gewiß zur Antwort: ‚Es ist Bulemanns Haus' . . ." Es ist reizvoll, das Motiv der Bulemannschen Hausfassade durch die illustrierten Ausgaben zu verfolgen und zu beobachten, wie sehr die Darstellungen, bei allen Unterschieden des Zeichenstils, einander ähneln. Hoch reckt sich die starre oder auch brüchige Giebelwand empor, eingeklemmt zwischen die Nachbarhäuser. Der Erkervorbau wirkt versteifend. Hohläugig starrt das Hausgesicht ins Leere, läßt Spukhaftes im Innern ahnen. Noch zu Storms Lebzeiten nannte es ein Kritiker des Textes „das Phantasma des verödeten Herzens, dem die Spottgeburt seiner menschlichen Regungen allmählich zum Schreckgespenst aufwächst". Man kann sich vorstellen, daß mancher der Zeichner dieses „Aufwachsen" des Gespenstischen auch im Bild hat zur Geltung bringen wollen.

Im Innern steigert sich dann bekanntlich die Gespensterhaftigkeit: die Katzen auf der Treppe; Bulemann mit der Kerze: lange Schatten, dunkle

Alex Eckener, zu „Der Schimmelreiter“

Winkel; Bulemann von Raubtieren bedroht. Alles das haben Illustratoren, jeder auf seine Weise und mancher mit großer Eindruckskraft, gespenstisch gezeichnet. Man könnte lange Spazierwege in diesem Bilderwald zurücklegen, geriete dann freilich von der „Örtlichkeit“ bald ab und verlöre sich in kühnen Bildphantasien. Vielleicht ist das großartigste Beispiel *Max Kahlkes* Paar von Zeichnungen.

Hat sich ein Zeichner einmal an tatsächlichen Husumer Gegebenheiten orientiert, so wird es der Ortskundige bald bemerken. Hier und dort einmal klingen Motive an, die einstige oder auch noch heute mögliche Eindrücke aus dem Stadtbild wieder aufleben lassen. Oder es taucht eine Frau in Volkstracht auf. Aber da kann es, wenn man genau sein will und kritisch, auch schon bedenklich werden. Die Frau trägt die Tracht der Insel Föhr oder auch die des Kirchspiels Ostenfeld bei Husum. Beide sah man zwar öfter im Husumer Straßenbild vertreten, sie waren den Bewohnern Husums und des festländischen Nordfrieslands jedoch nicht eigen. So bleibt die scheinbar genaue Ortstreue eher bloße Anbiederung, und man möchte etwas „Neutrales“ vorziehen.

Ein Werk wie das Stormsche will, wie jedes dichterische Werk von Bedeutung, aus dem Geist der Dichtung verstanden werden und ist unabhängig von topographischer, lokaler „Richtigkeit“. Gewiß mag es löblich sein, wenn einmal ein Illustrator „in Dichters Lande geht“, um Vertrautheit mit

Roswitha Quadflieg, Umschlagmotiv zu „Bulemanns Haus“

örtlichen Verhältnissen zu gewinnen, wie es noch zu Lebzeiten des Dichters die ihm befreundete junge Malerin *Hermione von Preuschen* (von der mir Illustrationen freilich nicht bekannt sind) wirklich tat. Aber die Qualität seiner Arbeit als Illustration zu Storm wird davon nicht berührt; sie kann nur unter dem Gesichtspunkt der Inspiration durch die Dichtung bemessen werden.

Gewiß tun die Verwalter von Storms Erbe gut daran, auch die Stätten, die in Storms Leben und Werk Bedeutung gewonnen haben, zu pflegen und für

Berta Martin, zu „Bulemanns Haus"

Interessenten zu erschließen: hier kehrte der Maler Johannes ein („Aquis submersus"), dort wohnte „Vetter Christian", hier, an dieser Marktecke, hatte Ann Grete an Markttagen ihren festen Platz („Schimmelreiter") usw. Es läßt sich vorstellen, wo es einmal den Goldsoot gegeben hat („In St. Jürgen"), und einen Fixpunkt nimmt allemal das Rathaus mit dem Ratskeller im

Fritz Buchholz, zu Gertrud Storm, Vergilbte Blätter aus der grauen Stadt, 1922

Stadtbild wie in Storms Leben wie in seiner Dichtung ein. Da mag es den Einheimischen stören, wenn z. B. das Gebäude „St. Jürgen" in der Illustration so ganz anders aussieht, als es, jedermann bekannt, im Husumer Stadtbild dasteht.

Der Geist der Dichtung kann getroffen werden, auch wenn die Äußerlichkeiten der Szene anderen Regionen angehören, und das wird, je weiter sich Storms Ruf über die Welt verbreitet, um so mehr der Fall sein. Freilich, wenn seiner Dichtung die Schilderung seines Lebenslaufs hinzugefügt wird, wie etwa in dem 1946 in Düsseldorf erschienenen Band „Über die Heide", so darf man dazu sachgetreue Illustrationen erwarten. Aber damit ist die Grenze der eigentlichen Illustration im Sinne von „bildlicher Nacherzählung" auch überschritten.

Eduard Winkler, zu „Pole Poppenspäler", o. J.

Pole Poppenspäler

Als besonders ergiebig für die Illustratoren erwies sich immer wieder die Novelle „Pole Poppenspäler". Die immer wieder auftauchenden Spielfiguren bringen in die Abfolge der Szenen das dankbare Motiv der spaßigen bis grotesken Marionetten. Nur wenige Zeichner freilich führen die Szenen der Puppenspiele ins Bild, mit denen Joseph Tendler sein Gastspiel in der Stadt eröffnete und fortsetzte, etwa solche aus dem Stück „Pfalzgraf Siegfried und die heilige Genoveva" oder „Doktor Faustus". Als reizvoller erweisen sich die Situationen, in denen das Leben der Puppen ins Leben der Menschen hineinspielt, allein schon der unterschiedlichen Größenmaße der Figuren wegen. *Kleists* vielbedeutende Parallele zwischen Marionette und Mensch läßt sich nicht vergessen. Wie der Narr in *Shakespeares* Dramen so mischt sich der an Seilen hängende Kasperl im Nankinganzug in die so viel folgenreicheren Spiele und Schicksale der Menschen. Er hängt seine lange Nase in ihre Händel, ja, er hackt mit ihr dem träumenden Knaben ins Gesicht.

Den Zeichner muß die schlenkernde, ausholende, zuckende Art der Bewegungen reizen. Mehrfach erscheint die Figur des Kasperl als Titelbild auf dem Einband; *Marie Langer-Schöller* läßt ihn ins Rampenlicht hineinpurzeln, wie er sich auf Tendlers Marionettenbühne einzuführen pflegt: „Pardauz', schrie

Maria Langer-Schöller, Einbandmotiv, Dachau o. J. (ca. 1915)

es; so kam er immer auf die Bühne gesprungen." *Emil Doepler der Jüngere* dagegen setzt auf den Einbanddeckel den defekten Kasperl, von dem es im Text heißt: „Kasperls Arme waren an seinem Leibe kleben geblieben; es ruckte und ruckte, aber sie kamen um keine Handbreit in die Höhe. – Kasperl sprach und tat nichts weiter." Dies Bild von der Panne des Mechanismus, durch kindliche Unbedachtsamkeit verursacht, führt Doepler recht eindrucksvoll vor. Andere Illustratoren lassen das Personal der Puppenbühne in seiner ganzen Hilflosigkeit baumeln; so tut es zum Beispiel *Rolf Hoerschelmann,* nachdem er dramatis personas zuvor auch in Aktion, in der ganzen Fahrigkeit ihrer Bewegungen, vorgeführt hat. Auch Hoerschelmann zeichnete den vom Steinwurf getroffenen Kasperl: eine hinstürzende, ja,

Uwe Häntsch, zu „Pole Poppenspäler", 1983/86

sterbende Puppenfigur, umspielt von den zerrissenen Schnüren, die ihr Leben bedeuteten.

Als ein Höhepunkt der Novelle kann die Bettung des Kinderpaares und der gemeinsame Schlaf in der Kiste der Marionetten gelten. Nur wenige Illustratoren haben sie gezeichnet und noch weniger mit rechtem Glück. Der dunkle Dachraum, die Kiste mit den Kindern, die darüber zukommenden Eltern mit dem Puppenspieler, das alles im Lichte der Laterne erscheinend – etwas viel für eine Buchillustration! Wieder hat wohl *Hoerschelmann* eine der überzeugendsten Lösungen gefunden. Aber gerade vor einer solchen Szene stellt sich auch bei ihm die Frage: wie weit kann und darf ein Illustrator gehen? Allzu leicht kann aus der Umsetzung ins Bild ein allzu mühsames Arrangement werden, aus der Erzählung eine pedantische Demonstration, die im Nebeneinander unangemessen verdeutlicht, was im Text als Folge von Ereignissen oder als Summe von Augenblicken erscheint und nur in der so gespeisten Phantasie nachvollzogen werden kann.

Der Wagen des Puppenspielers, bespannt mit dem Braunen, verläßt die Stadt wieder. Der Junge folgt ihm bis weit auf den „Heiderücken". „Ich war wieder am Rande des Weges emporgestiegen und blickte unverwandt dem Wägelchen nach, wie es dahinzog . . ." Storm erzählt von „stäubendem Sand" und von „grauem Herbstnebel". Der Zeichner mit der Feder setzt den Nebel in Atmosphärisches suggerierende Strichlagen um, und das Stäuben des Sandes in windgezauste Büsche und Bäume. Ganz natürlich sieht man das Geschehen vom winkenden Knaben aus; er rückt darum mehrmals allein ins Bild. Schon seine Geste steht für das Abschiedsweh. Die wachsende Distanz zum Wägelchen kann nur der mit leichter Feder Zeichnende erhaschen. Der „Nebel" entrückt das Fahrzeug ins Ungefähre.

Eine weitere markante Station auf dem Weg des Erzählers ergibt sich, als die Lisei in der katholischen Stadt auf offener Straße zum Bild des Gekreuzigten betet. Mancher Versuch, diese Szene überzeugend ins Bild zu bringen, muß wohl als gescheitert gelten; es stellt sich ein fremder Ton ein – sofern in der Illustration von Ton in diesem Sinne die Rede sein kann. Erst der Schluß der Novelle bietet dem Zeichner dankbare Gelegenheit, Stift oder Feder anzusetzen: die als Spielzeug in der Stadt zerstreuten, verlorenen Marionetten tauchen, um ihr eigentliches Dasein gebracht, hier und dort wieder auf, fremd ihrer Umwelt und Funktion: „Hier saß ein Mädchen mit der heiligen Genoveva auf der Haustürschwelle, dort ließ ein Junge den Doktor Faust auf seinem schwarzen Kater reiten; in einem Garten in der Nähe des Schützenhofes hing eines Tages der Pfalzgraf Siegfried neben dem höllischen Sperling als Vogelscheuche in einem Kirschbaum." Motive dieser Art haben sich nur wenige Illustratoren entgehen lassen.

Endlich das Schlußbild: der Sarg des alten Vaters Joseph ist ins Grab gesenkt; sein Kasperl kommt ihm – von wem geschleudert? – nachgeflogen: eine Narrenfigur als Sargschmuck. Auch diese groteske Konfiguration zu zeichnen, erschien etlichen Illustratoren lockend.

In dieser oder in ähnlicher Form Novelle für Novelle von Zeichner zu Zeichner vergleichend durchzugehen, ist nicht allein unterhaltend; es läßt auch die Facetten der Dichtung in wechselndem Licht aufleuchten. Und alsbald stellt sich die Erfahrung ein, daß eine gute Illustration nicht von der Dichtung fort-, sondern zu ihr hinführt.

Ingeborg Meyer-Rey, zu „Der kleine Häwelmann“, 1985

Der kleine Häwelmann

Das Kindermärchen „Der kleine Häwelmann“ schert als Buchkörper aus der Reihe Stormscher Erzählungen aus: die Separatausgaben wurden größer und größer, während den Ausgaben der Novellen die Tendenz zu intimen, kleinen Formaten eigen bleibt. Die von *Wilhelm Heuer* illustrierte Erstausgabe in Biernatzkis „Volksbuch“ blieb noch im Oktavformat, und die Bilder bewahrten konventionelle Formen, vervielfältigt als Federlithographie; sie mußten sich dem äußeren Umfang nach dem Maß des Kalenders fügen, das den übrigen Beiträgen Storms, wie „Immensee“, auch durchaus zustatten kam. Auch in späteren Ausgaben, die außer dem „Häwelmann“ weitere Werke Storms aufnahmen, wie in der 1982 in Heide erschienenen Auswahl

それで、ヘーベルマンは、家から出て行くことができました。

町は、しずかで、ひっそりしていました。せの高い家家が、明るい月の光りのなかにたって、黒い窓をギョロギョロさせ、まぬけのように町をながめていました。でも、人間はひとりも見えません。ちいさなヘーベルマンが、車つきベッドにのって、石をしいた通りをはしると、ガラガラ、音がひびきました。やさしいお月さまは、ずっとそばをあるいて、てらしてくれました。ふたりは、町から町へはしりました。でも、人間は、どこにも

Aus einer japanischen Ausgabe des „Kleinen Häwelmann"

„Märchen und Spukgeschichten", illustriert von *Luise Wulff*, paßte sich die Seitengröße wie die Art der Illustration dem übrigen Inhalt des Bandes notgedrungen an. In einer solchen Sammelausgabe ist das Kindermärchen dem Kinde selbst kaum zugänglich. In ähnlichen Auswahlbänden blieb es daher auch ohne Illustration – wie soll man auch einem Erwachsenen, der das kleine Märchen als ein Stück Literatur würdigt, seinen Gehalt bildlich näherbringen? Ein Versuch dazu bleibt allemal ein Wagnis, zumal da es in der Regel, wieder um des Ganzen der Auswahl wegen, bei einer Schwarz-Weiß-Illustration bleiben wird.

Ein Kinderbuch aber, das dem Kind in die Hand gegeben werden soll, muß außer starkem Papier auch größeres Format haben. Eine 1951 in Weimar erschienene, von *Erwin Görlach* illustrierte Einzelausgabe bleibt auf halbem Wege stecken, und auch die 1985 auf Amrum herausgebrachte deutsch/amringische Ausgabe mit farbigen Tafelbildern von *Jochen Seitz* eignet sich nur zum Vorlesen und kann dem Kind allenfalls zum Betrachten der Bilder hingehalten werden. Erst das liebenswerte, von *Else Wenz-Viëtor* illustrierte Kinderbuch ist in Kinderhand vorstellbar, ist ganz Bilderbuch geworden, ohne daß dem Text Unrecht geschehen wäre. Die drei Vierzeiler „Die Kinder"sind der Erzählung vorausgeschickt, und gegenüber sieht man den alten Theodor Storm bei Vollmond auf einer Anhöhe unter einem Baum sitzen, seinen Häwelmann – so nannte er seinen 1848 geborenen ältesten Sohn Hans – auf dem Schoß; danach erkennt man den kleinen Burschen des Märchens wieder im Räderbett neben der schlafenden Mutter. Dann geht die Fahrt mit geblähtem Segel in den Himmelsraum los, und eine kleine Folge farbiger und nichtfarbiger Bilder läßt die erregende Partie miterleben, eingängig für Kinder.

Eine bei Bertelsmann erschienene Ausgabe von 1970 geht ins Volle der Kindertümlichkeit (oder dessen, was man dafür hält). Der Illustrator bemalte mit bunten Kreiden die ganzen Blätter bis an den Rand und ließ das rote Rollenbett furios über die Seiten sausen, durch ein goldgelbes Farbfeld auf die grün-blaue Tür zu, durch deren Fenster der Mond schaut, hinaus und an

Alfred Steinweg und Alexander Müller, zu „Der Schimmelreiter", ca. 1925 bzw. 1919

wankenden bunten Häusern vorüber, zwischen orange leuchtenden Baumstämmen hindurch, am goldenen Turmhahn vorbei, über wogende Farbfluten hinweg, während der Mond, der sich unversehens in die Sonne verwandelt, von Weiß zu Goldgelb und Knallrot verfärbt und in dieser Färbung den ins Wasser gepurzelten Häwelmann beleuchtet.

Ähnliche, für Kinderaugen gewiß leicht verständliche Register zieht *Ingeborg Meyer-Rey* in dem 1985 erschienenen, nun foliogroßen Bilderbuch des Boje-Verlag in Erlangen. Von Seite zu Seite verfinstert sich der Himmel; wieder verändert der Mond sein Gesicht beängstigend, wechselt hinüber zur Sonne und taucht Häwelmanns Rollenbett in immer neue Farben. Dagegen müssen Silhouetten, wie sie *Anna von Krane* eine Storm zum Geschenk machte, und Strichätzungen, wie mehrere Künstler sie (meist in Auswahlbänden) lieferten, freilich verblassen.

Der kindertümlichen Bebilderung des Märchens gibt es mittlerweile eine ganze Reihe. Auf dem Welt-Kinderbuch-Festival 1972 in New York gewann eine amerikanische Ausgabe einen Kinderbuch-Preis. Inzwischen also bereist Häwelmann tatsächlich die ganze Welt. Da ist es kurios zu sehen, wie er sich mit japanischen Augen gesehen ausnimmt.

Helmar Becker-Berke und Hans Wingenbach, zu „Der Schimmelreiter", o. J. bzw. 1948

Der Schimmelreiter

Wohl keine andere der Stormschen Novellen ist so bekannt und populär wie der „Schimmelreiter", einerlei, welche literarischen Kenntnisse und welche Vorstellungen sich mit dem Titelwort verbinden. Das hat nicht allein die mehrfache Verfilmung bewirkt; vorher schon geisterte das Wort in allen möglichen Zusammenhängen herum und weckte Assoziationen der verschiedensten Art, heroische wie triviale. So begann z. B. 1914 im Hermes-Verlag, Hamburg, eine Zeitschrift unter dem Titel „Der Schimmelreiter" zu erscheinen. Als die „Landvolkbewegung" sich am „Kampf für Deutschlands Befreiung" beteiligte, legte sich der Verfasser einer Kampfschrift das Pseudonym „Jürgen Schimmelreiter" zu (München 1929). Wo immer das Wort auftaucht, wird es von bildhaften Vorstellungen, oft auch von wirklichen Bildern begleitet: ein kühner Reiter, ein vom Schicksal Getriebener, oder eine Art Heros, auch ein über- oder außermenschliches Wesen – es ist schwer, die Geltung abzugrenzen. Bilderträchtig ist das Wort schon vom bloßen Klang her. An Einbandmotiven und Schutzumschlägen der Stormschen Novelle läßt es sich ablesen: der Schimmelreiter, einerlei, was er jeweils bezeichnet, – banal gesprochen – „verkauft sich gut". Die Vorstellung verselbständigt sich und gleitet vielfach auch ins Triviale ab. „Zum Schimmelreiter" heißt z. B. ein Restaurant in einem schleswigschen Geestdorf; an seiner Hauswand galoppiert dem Passanten ein nahezu lebensgroßer Reiter unausweichlich entgegen. Anderseits entgleitet die Gestalt auch in ätherische Höhen: 1986 erwarb die Stadt Husum von dem damals 87jährig auf Föhr lebenden Maler *Gustav Mennicke,* wie die Zeitungen meldeten, ein 320 mal 140 cm großes Ölbild, ein Triptychon „Der Schimmelreiter": „Ein Reiter auf dem sich aufbäumenden Pferd (Mitte), eine Rufende (links) und ein Warner (rechts)", so heißt es weiter. „Was dem Betrachter aber zuerst ins Auge fällt, sind die vielen Blautöne, vier rote Flecken und eine weiße Mitte" – das Werk, einem Kritiker zufolge im „Umfeld des Expressionismus" angesiedelt, steht offenbar an der Grenze zur abstrakten Kunst. Gewiß hätte Storm seinen Helden nicht wiedererkannt.

Der Dichter hat sein Werk entlassen, als er es in Druck gab; die Nachwelt hat die Freiheit, sich die ihren Vorstellungsmöglichkeiten entsprechenden Gestalten zu schaffen. Das Verständnis einer Dichtung und der in ihr handelnden Personen bleibt einem ständigen Wandel unterworfen. Das kann wohl nichts so nachdrücklich verdeutlichen wie die Buchillustrationen zu Storms „Schimmelreiter".

Die zahlreich erschienenen Folgen von Illustrationen zur Novelle pflegen, wie diese selbst, ihren Höhepunkt zu erreichen in der Katastrophe, dem Sprung des Schimmels mit seinem Reiter in die von der Sturmflut gerissene Deichlücke. Es ist nicht ohne Reiz, einige der diese Szene darstellenden Zeichnungen zusammenzustellen, um sowohl das Stereotype wie das jeweils Besondere in ihnen zu verdeutlichen. Allemal gerät die Zeichenfeder in heftigeren Schwung, um das Dramatische zu erhaschen; und das aufbegehrende Linienwerk der Wogen wird zu einem Hauptthema. Bei Szenen dieser Art geraten Zeichner mit expressionistischer Vergangenheit, wie z. B. *Max Thalmann*, entschieden in Vorteil und solche, die aus der Jugendstil-Schönlinigkeit herkommen, wie z. B. *Gustav Olms,* eher in Nachteil. Und selbst

Zeichner von zahmer Federführung, die sonst eher idyllischen Motiven zugeneigt sind, steigern ihre Mittel und geraten in Furor, nicht immer mit ungeteiltem Glück. Über das Weiß des Schimmels, das aus dem nächtlichen Dunkel unheimlich hervorleuchtet und das nun einmal das Magische der Erscheinung ausmacht, setzen sich manche Illustratoren hinweg, indem sie den Effekt gerade in der Düsternis des Reiters und seines Tieres suchen und den Schimmel als Schattenbild in eine Art Rappen verwandeln, wie es beispielsweise *Hans Bastanier* tut. Anderen gerät er zu einer Art säkularisiertem heiligen Georg, gegen den anstatt des Drachen sich die Wellen aufbäumen, so z. B. *Hans Volkert.*

Nicht nur im Bereich des Trivialen, auch als Thema von Kunstwerken kann sich die Gestalt verselbständigen. Als expressionistischer Graphiker griff Storms Landsmann *Max Kahlke,* im Voraufgehenden schon genannt, die Vorstellung „Schimmelreiter" auf, sicher in bester Vertrautheit mit Storms Novelle, in Vertrautheit obendrein mit Deichwesen, Sturmflut und Leben an der Küste. „Der Schimmelreiter" sind eine Zeichnung und ein danach gefertigter Holzschnitt genannt. Eine wahrhaft unheimliche Gestalt stürmt auf den Betrachter zu. Eindrucksvoll ist der Gegensatz zwischen Schwarz und Weiß ins Mittel gebracht.

Die Bewältigung des Themas „Schimmelreiter" im ganzen kann als eine Art Nagelprobe für den Illustrator gelten. Freilich mag dasselbe, auf Storm bezogen, für die Bewältigung der dem Idyll oder den „Situationen" angehörenden oder nahestehenden Werke gültig sein. Das Gesamtwerk ist vielgestaltig, und d e n berufenen Illustrator Storms, der in allen Sparten gleichermaßen auf der Höhe ist, wird es nicht geben können.

Für alle Beispiele der Illustration, die in diesem Band vorgeführt werden, gilt: man sollte bei der Beurteilung des einzelnen Motivs – und nur eine Auswahl davon läßt sich hier vorführen – immer auch die ganze Folge im Auge behalten, die man gerecht ja nur dann bewerten kann, wenn man das illustrierte Buch selbst in der Hand hält, das im anspruchsvollen Fall als Gesamtkunstwerk gewürdigt zu werden, erwarten kann. Man muß es wägen, nicht nur mit kritischem Blick, sondern unter Umständen auch wörtlich: nach seinem Gewicht, der Art des Papiers, der Sorgfalt des Drucks, der Kunst und der Liebe nach, die der Ausstattung im ganzen gewidmet sind, der Kunst des Typographen nach, der Gediegenheit der Gesamterscheinung nach. Erst dann „besitzt" man das illustrierte Buch im geistigen Sinne und im Sinne Storms, des Bibliophilen.

Die Reihe der Umsetzungen literarischer Werke in bildliche Anschauung schließen wir ab mit einigen Zeugnissen der Verehrung, die man als Hommage, als Huldigung für den Dichter, verstehen kann. Dazu sollte man in erster Linie Storm-Porträts zählen. Die künstlerisch gestaltete Wiedergabe der Physiognomie des Dichters kann einen seinem Werk geltenden Ausdruck annehmen, kann zur Interpretation seines dichterischen Wesens oder doch zur Charakterisierung seiner künstlerischen Persönlichkeit werden. Die Zeitschrift „Deutsche Dichtung", Band 1, 1886, veröffentlichte zu der Novelle „Ein Doppelgänger" auf der Titelseite noch ein Storm-Bildnis in der Art ihrer Zeit, d.h. eine Photographie wurde reproduziert und daneben eine anspruchsvolle Dame mit Lyra, eine Muse vermutlich, plaziert, und zu ihren Füßen machen sich beflügelte Putten zu schaffen. Das ganze aufwendige Arrangement ist gewiß als Huldigung gedacht, etwa in der Tonart: Heil Dir, Du großer Dichter! Diese heute kaum noch ganz verständliche Art, Verehrung auszudrücken, wirkt reichlich antiquiert. *Karl Bauer,* ein Zeichner, dessen Wirken sich seit Beginn des Jahrhunderts verfolgen läßt, und dessen Werk zu einem guten Teil aus Bildnissen bedeutender Persönlichkeiten besteht, brachte seine Huldigung auf andere Weise dar. Man hat diese seine Kunst so charakterisiert: er zeichne „aus dem Bildungserlebnis heraus". Gewiß liegt in seinen Porträts, die aus der Kenntnis authentischer Darstellungen hervorgegangen sind, ein idealisierender Zug, aber er hebt die Physiognomie nicht ins Ideale, wie es etwa die Kunst des Idealismus und Klassizismus tat. Die „reale" Erscheinung bleibt gewahrt; dennoch spricht aus den Zügen ein Geist, der der Geist der Dichtung ist.

Ähnliches ließe sich von manchem Storm-Porträt sagen, das nach seinem Tod entstanden ist, so von dem nur den Kopf erfassenden kleinen Ölbild von *Karl-Friedrich Gotsch* im Schleswig-Holsteinischen Landesmuseum oder von der höchst geistvollen Zeichnung *Horst Janssens.*

Auch *Alex Eckener* fügte seiner Folge von Radierungen zum „Schimmelreiter" ein Porträt des Verfassers an. Das Porträt des Autors im Buch hat seine bis in die Antike zurückreichende Geschichte, und auch noch zu Storms Lebzeiten stand diese Tradition in Geltung. Man zog eine Photographie vor, die um ihrer vermeintlichen Untrüglichkeit willen noch als Neuheit in hohen Ehren gehalten wurde. Seit der Jahrhundertwende ist es mehr und mehr Sache des Künstlers, auch des illustrierenden, geworden, die Person des Autors auch in ihrer äußeren Erscheinung ins Buch zu bringen. Wie es beim „Kleinen Häwelmann" geschah, wurde schon bemerkt.

In dem 1917, während des Ersten Weltkriegs, zum 30. Todestag Storms erschienenen „Storm-Gedenkbuch" (Westermann), das die Storm-Forschung heute recht kritisch beurteilt, wurden Zeichnungen von *Georg Greve-Lindau* veröffentlicht. Der Herausgaber bemerkt dazu, es habe dem Künstler ferngelegen, „eine bloß verdeutlichende Nachhilfe zu geben für das, was des Dichters Phantasie gestaltet hat". Sein Ehrgeiz sei vielmehr gewesen, „aus dem andächtig aufgenommenen Gefühls- und Stimmungsgehalt heraus künstlerische Gebilde zu schaffen, die ihre Selbständigkeit und ihr eigenes Leben haben. „Greve-Lindau wird, wenn der Waffendienst [des Ersten Weltkrieges] ihm erst wieder Muße für freie künstlerische Betätigung gönnt,

Deutsche Dichtung.

I. Band. 6. Heft. Herausgeber: Karl Emil Franzos. 15. Dezember 1886.

Erscheint am 1. und 15. jeden Monats.
Abonnements durch alle
Buchhandlungen und Postanstalten.

Verlag:
Adolf Bonz & Comp.
Stuttgart.

Preis pro Halbjahr (Band)
7 M. 50 Pf.
Zwölf Hefte bilden einen Band

Ungenannter Zeichner, 1886

Karl Bauer, ca. 1918 (?). Nach J. Bödewadt, Zwischen zwei Meeren, Braunschweig, 2. Aufl. 1920

die Arbeit fortsetzen und dann hoffentlich Gelegenheit finden, die Blätter gesammelt heraus[zu]geben". Soviel mir bekannt, ist dergleichen nicht zustande gekommen. Aber es hätte genau dem entsprochen, was Storm der Illustratorin seiner Gedichte empfahl. Es blieb bei „Situationszeichnungen", die sich mehr oder weniger genau auf Passagen in Storms Erzählungen beziehen lassen: „Zwei Frauen", „Der Imker" u. a. Eine ist „Immensee" bezeichnet. Vermutlich blieb es bei einem Torso von Illustrationsfolgen. Aber man kann sie ebenso, abgelöst vom erzählenden Inhalt, als Hommage an den Genius des Dichters verstehen, vergleichbar den verselbständigten Schimmelreiter-Darstellungen, die über die Zugehörigkeit zum Buch hinausgewachsen sind.

Ob Porträt oder Szene aus der Dichtung: längst verschwunden ist die personifizierte, allegorisierende Verehrung in Gestalt der idealen Dame, die neben dem Porträt den Ruhm eigens verkünden muß. Er findet im Bild selbst Ausdruck. Auch die von *Adolf Brütt* gestaltete Büste im Park des Husumer Schlosses spricht selbst, was sie zu sagen hat, und bedarf nicht einer Person gewordenen Muse oder dergleichen, die ihm den Lorbeer reicht.

In dem genannten Storm-Gedenkbuch ist noch eine andere Form der Huldigung erkennbar: der Graphiker *Hans Reifferscheid* radierte ein Blatt, das er Storm widmet und in dem er die Summe der Stormschen Dichtung einzufangen gedachte. Es ist eine Landschaft mit weitem Horizont, ein Flachland mit mäßigen Erhebungen, bestanden, ähnlich wie *Rembrandts* Landschaften, auch bewölkt, mit Licht und bewegter Luft erfüllt – so muß sich der Künstler die Szene Stormscher Dichtung, auf eine gemeinsame Form gebracht, vorgestellt haben – eine eindrucksvolle, sehr persönliche Huldigung!

Hans Meid, zu „Immensee"